Jasmin Mengele

# Low Carb auf die Schnelle

60 High-Speed-Rezepte

TRIAS

7 **Liebe Leserin, lieber Leser**

9 **Low Carb – schnell, einfach, lecker!**

10 **Low Carb – high speed: so geht's**
10 Wenig Kohlenhydrate, dafür gesunde Fette
10 Warum die Kohlenhydrate runtermüssen
11 Fett wird der neue Brennstoff
12 Was Ihnen Low Carb bringt
12 Ihre 12 Low-Carb-Vorratszutaten
15 Frische Zutaten für die schnelle Low-Carb-Küche
19 12 Gewürze reichen aus
22 Basics für Ihre Low-Carb-Küche
24 Meine geliebten Küchenhelfer

27 **Low-Carb-Schnellrezepte**

28 **Guter Start – Frühstücke**

38 **To Go**

50 **Herzhafte Sattmacher**

62 **Freunde zu Gast**

74 **Couch-Food**

82 **Sweets**

92 **Rezept- und Zutatenverzeichnis**

94 **Stichwortverzeichnis**

# Liebe Leserin, lieber Leser,

Slow Food, Soulfood, healthy Lifestyle … ich freue mich über den Wandel in den Küchen und die Tendenz zu gesundem Essen. Die Low-Carb-Ernährung – also wenig Kohlenhydrate, aber dafür viele hochwertige Fette – gehört auch zu diesem erfreulichen Trend. Low Carb ist für mich die ideale Ernährungsform: Ich halte mein Wohlfühlgewicht, ohne jeden Tag darum kämpfen oder auf etwas verzichten zu müssen. Ich kann in vollen Zügen genießen und habe reichlich Energie und Power, um meinem Alltag zu begegnen.

Aber das hektische Leben, der Job und die vielen Termine lassen oft keine oder nur wenig Zeit zum Einkaufen und Kochen. Die Lösung sind schnelle Low-Carb-Rezepte nach dem bewährten 3+3+3-Prinzip. Das heißt: Maximal 3 frische Zutaten, nicht mehr als 3 Vorratszutaten und 3 Gewürze gehören in jedes der 60 köstlichen Gerichte. »High Speed« bedeutet: Zubereitung im Handumdrehen; Sie brauchen nicht mehr als 25 Minuten – oft viel weniger – pro Rezept. So können Sie sich, Ihre Familie oder Ihre Freunde jeden Tag ohne großen Aufwand lecker und gesund verwöhnen.

Mir war es vor allem ein Anliegen, Gerichte ohne Verzicht zu kreieren. Low Carb soll nicht bedeuten, einfach nur »etwas wegzulassen«. Es ist vollwertiges Essen, das keine Wünsche offenlässt. Alles ist möglich: tolle Beilagen, deftige Mahlzeiten, aber auch süße Desserts zum krönenden Abschluss oder als kleine Zwischenmahlzeit. »Low Carb auf die Schnelle« ist kreativ, manchmal verspielt, immer unglaublich lecker und natürlich rasant und unkompliziert.

Viel Freude beim Schlemmen
Ihre Jasmin Mengele

⬆ Bereits seit 2012 bietet Jasmin Mengele ihren Gästen in der Soulfood LowCarberia kohlenhydratarme Leckereien an. Süße und deftige Speisen, warme und kalte – hier kommt jeder auf seine Kosten.

# Low Carb – schnell, einfach, lecker!

Mit wenigen, aber vielseitigen Zutaten wie Kokosmilch, Avocado, Lachs oder Hühnchen lassen sich im Handumdrehen die köstlichsten Mahlzeiten zubereiten.

# Low Carb – high speed: so geht's

»Low Carb« bedeutet »wenig Kohlenhydrate«. Aber wie stark diese reduziert werden, ist verschieden. Meine Low-Carb-Küche ist sehr kohlenhydratarm sowie getreide- und glutenfrei.

Der Anteil hochwertiger pflanzlicher und tierischer Fette ist dagegen höher. Avocado, Nüsse, Kokosöl, Mascarpone, Sahne und Butter sind wichtige Zutaten. Das Faszinierende und für viele noch immer Erstaunliche ist, dass man mit solcher fettreichen Kost tatsächlich abnehmen kann. Wie das funktioniert, möchte ich gern ein wenig erläutern.

## Wenig Kohlenhydrate, dafür gesunde Fette

Der Kohlenhydratgehalt meiner Rezepte liegt unter 10 g pro Mahlzeit. Bei 3 Mahlzeiten pro Tag nimmt man also maximal 30 g Kohlenhydrate zu sich. Zum Vergleich: Im Durchschnitt isst jeder Deutsche rund 220 g Kohlenhydrate pro Tag. Ich verzichte nicht nur auf sämtliche raffinierten Zuckerarten, sondern auch auf alle Getreideprodukte sowie stärkehaltige Zutaten wie Kartoffeln, Süßkartoffeln und Mais. Zuckerreiche Obstsorten sind nur selten und in geringen Mengen dabei. Durch diese verminderte Kohlenhydratzufuhr passiert im Körper zweierlei:
- Der Blutzuckerspiegel und damit auch der Insulinspiegel normalisiert sich.
- Der Körper beginnt, sich von Fett zu ernähren; dabei kann er nicht nur auf das verzehrte Fett, sondern auch auf die gespeicherten Fettdepots zurückgreifen. Wir können endlich problemlos abnehmen.

## Warum die Kohlenhydrate runtermüssen

Wenn wir langfristig den Kohlenhydratanteil in der Ernährung reduzieren, normalisiert sich der Blutzuckerspiegel und

damit untrennbar verknüpft der Insulinspiegel. Zu kohlenhydratreiche Kost führt zu einer ständigen Berg- und Talfahrt der beiden Spiegel: Landet viel Zucker aus dem Darm im Blut, wird reichlich Insulin ausgeschüttet, um den Zucker aus dem Blut zu entfernen; der abgefallene Blutzuckerspiegel führt zu Heißhunger auf Süßes, die nächste Portion Kuchen, Schokolade oder süße Getränke sorgt wieder für einen starken Blutzuckeranstieg usw. Diese Achterbahnfahrt wird durch die Low-Carb-Ernährung gestoppt.

Der Blutzucker- und der Insulinspiegel bleiben ohne große Ausschläge nach oben oder unten im grünen Bereich, weshalb Low Carb auch für Menschen mit zu hohem Blutzuckerspiegel oder Typ-2-Diabetes (vorher mit dem Arzt sprechen, um Einstellung/Medikamente anzupassen) gut geeignet ist.

## Fett wird der neue Brennstoff

Da die Kohlenhydrate als Energielieferanten fehlen, zapft der Körper die Fettpolster an. Solange der Insulinspiegel hoch ist, sind die Fettzellen fest verschlossen, was verständlich macht, wieso zu viele Kohlenhydrate das Abnehmen behindern. Um seinen Energiebedarf zu decken, greift der Körper jetzt auf die Fette zurück (aus der Nahrung bzw. den Fettreserven), aus denen sogenannte Ketonkörper als Energiewährung gebildet werden. Diese Ketonkörper sind ein super Brennstoff. Um in den Zustand der Ketose (Ketonkörperbildung) zu kommen, muss der Kohlenhydratanteil jedoch durchgängig gering sein. Die Schwelle ist individuell verschieden. Bei mir sind es 30 g Kohlenhydrate pro Tag: Bleibe ich darunter, nehme ich problemlos ab.

Ein weiterer toller Nebeneffekt des in Ketose konstant bleibenden Insulinspiegels ist das Ausbleiben von Heißhungerattacken.

### Die Eiweißzufuhr bleibt gleich

Neben Kohlenhydraten und Fetten sind Eiweiße (Proteine) die dritte große Nährstoffgruppe. An der Eiweißzufuhr wird nichts verändert, sie entspricht dem empfohlenen Richtwert von ca. 1 g/kg Körpergewicht und Tag. Bei einer 70 kg schweren Person wären das ca. 70 g Eiweiß pro Tag.

## Was Ihnen Low Carb bringt

- Der wichtigste Effekt dieser Ernährung – zumindest für mich – ist natürlich, dass ich mein Wunschgewicht mühelos erreicht habe und auch vollkommen problemlos halten kann.
- Hunger und Verzicht gehören der Vergangenheit an. Mit Low Carb essen Sie immer so viel, dass Sie richtig gut satt werden und bleiben. Fettreiche Kost schmeckt nicht nur super, sondern sättigt auch hervorragend.
- Sie ernähren sich gesund mit reichlich Gemüse, Salat, etwas Obst, hochwertigen Fetten und Ölen sowie der optimalen Proteinmenge.
- Low Carb befriedigt nicht nur die körperlichen Bedürfnisse, sondern fördert auch die emotionale Ausgeglichenheit. Sie bekommen alles, was Sie zum Glücklichsein brauchen.
- Low Carb verleiht Ihnen richtig viel Power und Energie. Wenn Sie – genauso wie ich – schon verschiedene Diäten ausprobiert haben, wissen Sie, dass man sich dabei oft total schlapp und kraftlos fühlt.
- Viele Menschen vertragen Vollkornprodukte oder andere Getreidebestandteile nicht besonders. Vielleicht werden auch Sie feststellen, dass Sie mit der Low-Carb-Ernährung auf einmal keine Verdauungsprobleme mehr haben.
- Weil die Low-Carb-Ernährung, wie ich sie Ihnen hier vorstelle, vollkommen getreide- und glutenfrei ist, stellt sie eine gut geeignete Ernährungsform für Menschen mit Glutenunverträglichkeit oder Zöliakie dar.
- Auch für Menschen mit Laktoseintoleranz (Milchzuckerunverträglichkeit) ist meine Low-Carb-Ernährung empfehlenswert, da die verwendeten fettreichen Milchprodukte oftmals laktosefrei oder sehr laktosearm sind.
- Das Gleiche gilt für Personen, die von sich wissen, dass sie Fruchtzucker in größeren Mengen nicht vertragen, denn dieser wird als Zucker bei Low Carb stark eingeschränkt.
- Weitere wunderbare Nebeneffekte sind besserer Schlaf und schönere Haut.

## Ihre 12 Low-Carb-Vorratszutaten

Die ersten beiden Vorratszutaten der schnellen Low-Carb-Küche werden aus der Kokosnuss gewonnen: Kokosmilch und Kokosmehl.

Die Kokosnuss ist ein wahres Geschenk der Natur für unsere Gesundheit. Sie ist reich an Kalium, Natrium, Eisen und Magnesium. Unseren Vitaminhaushalt unterstützt sie mit Vitamin C, $B_1$, $B_2$, $B_3$, $B_4$, $B_6$ und Vitamin E. Zudem enthält Kokosnuss überwiegend sogenannte mittelkettige Fettsäuren (MCTs), die der Körper bevorzugt zu Ketonkörpern abbaut, was die Energiegewinnung aus Fetten (Ketose) fördert. Kokosprodukte gehören daher fest auf meinen Speiseplan. Nicht nur weil sie so gesund sind, sondern weil man so vielseitig mit ihnen kochen, backen und abschmecken kann.

### Kokosmilch (80%)

Bei Kokosmilch gibt es viele Unterschiede. Ich persönlich bevorzuge Produkte aus nachhaltigem Anbau und mit 80% Kokosanteil. Kokosmilch ist sehr ergiebig und schmeckt wunderbar cremig. Ich achte beim Einkauf darauf, dass in der Zutatenliste auf der Dose wirklich nur Kokosnuss und Wasser aufgeführt sind. So kann ich sicher sein, dass ich keine versteckten Kohlenhydrate oder unnötige Zusatzstoffe zu mir nehme.

### Kokosmehl

Das zweite unverzichtbare Kokosnussprodukt ist Kokosmehl (auch Kokosfasern genannt), das bei der Nussölpressung entsteht. Hier wird der Presskuchen, nachdem das Öl gewonnen wurde, fein vermahlen. Das Mehl ist glutenfrei und reich an Ballaststoffen, die für eine gesunde Ernährung unabdingbar sind. Für den Austausch von Getreidemehl beim Backen benötigt man nur ca. ⅓ der Menge an Kokosmehl und dafür ein zusätzliches Ei.

### Blanchierte (geschälte), gemahlene Mandeln

Gemahlene Mandeln sind – anders als Mandelmehl, das auch oft in der Low-Carb-Küche verwendet wird – nicht entölt. Sie enthalten viele gesunde ungesättigte Fettsäuren und sind energiereich. Außerdem liebe ich den feinen Geschmack, der meines Erachtens zu süßen, aber auch zu deftigen Gerichten passt. Ich nehme am liebsten blanchierte, gemahlene Mandeln; also Mandeln, bei denen die Haut vorm Vermahlen entfernt wurde. Die vermahlenen Mandeln sind dann weiß. Diese geben den Gerichten eine schöne helle Farbe und eine feinere Struktur als ungeschälte, gemahlene Mandeln. Auf der Verpackung steht: »blanchierte, gemahlenen Mandeln« oder »geschälte, gemahlene Mandeln«.

### Shirataki-Nudeln

Shirataki-Nudeln sind getreide- und damit glutenfrei. Sie zeichnen sich durch einen besonders hohen Ballaststoffanteil aus. Herkömmliche Pasta (aus Hartweizen) findet mit über 70% Kohlenhydraten, kaum gesunden Fetten und Ballaststoffen keinen Platz in der Low-Carb-Küche. Die Shirataki-Nudeln sind eine super Alternative: Sie lassen sich in wenigen Minuten zubereiten und die enthaltenen Stoffe der Kanjokwurzel unterstützen sogar das Abnehmen.

Die Low-Carb-Pasta ist neutral im Geschmack und kann so beliebig mit Soßen und Pestos kombiniert werden. Es sollte aber nicht jeder Tag ein No-Carb-Pasta-Tag sein, denn die großen Mengen an Ballaststoffen können bei übermäßigem Verzehr die Verdauung stören.

Shirataki-Nudeln finden Sie im gut sortieren Supermarkt, in Asia-Geschäften oder Sie beziehen sie von einem Online-Shop. Probieren Sie unbedingt meine Low-Carb-Pasta-Rezepte wie Chorizo-Shiratakis (Seite 52) und Shirataki 'n' Cheese aus.

## Mascarpone

Mit ihrer cremigen Konsistenz veredelt Mascarpone viele Low-Carb-Rezepte, als Basis für ein Dessert oder zum Verfeinern von Soßen und Aufläufen. Und natürlich ist es die Zutat, die viele sofort mit Tiramisu in Verbindung bringen … Wenn Sie meinen, die italienische Süßspeise sei nicht Low-Carb-geeignet, lassen Sie sich von meiner Kreation (Seite 84) überraschen. Das ist eines meiner Dessert-Highlights!

## Cheddar

Cheddar ist eine ideale Low-Carb-Zutat mit einem ausgewogenen Verhältnis von gesunden Fetten, Eiweiß und nur wenigen Kohlenhydraten. Er ist laktosefrei. Den Käse gibt es in verschiedenen Reifegraden, sodass jeder das gewünschte Aroma entsprechend der eigenen Vorlieben auswählen kann: von mild bis kräftig. Ich mag es, Gerichte zu überbacken oder Käse in Füllungen zu verarbeiten.

## Parmesan

Auch Parmesan ist eine der laktosefreien Käsevarianten und bietet durch seinen intensiven Geschmack und die feste Konsistenz vielfältige Möglichkeiten bei der Zubereitung. Im Pesto, als Garnitur oder zum Verfeinern bringt er eine pikante Note in jedes Gericht.

## Sahne

Sahne hat, genauso wie Hartkäse, ein ausgewogenes Nährwertverhältnis und bietet sonst auch alles, was das Low-Carb-Herz begehrt. Geschlagene Sahne ist eine super Grundlage für Eis und Cremetörtchen und natürlich ein ideales Topping für alles Süße. Auch als Geschmacksträger für Soßen und Cremes

---

**Shirataki-Nudeln werden aus Kanjokwurzel hergestellt**

Shirataki-Nudeln werden aus der in Asien beheimateten Kanjokwurzel hergestellt. Die wunderbaren Eigenschaften sind: keine verdaulichen Kohlenhydrate, kein Fett, kein Zucker, kein Gluten und nur 8 kcal auf 100 g. Dies ist der Grund, warum diese Alternative zur Pasta so hervorragend zum Abnehmen und für jegliche Low-Carb-Ernährungsform geeignet ist. Da die löslichen Ballaststoffe, sogenannte Glucomannane, stark aufquellen, vermitteln sie ein lang anhaltendes Sättigungsgefühl.

finden Sie sie oft in meinen Rezepten. Sahne ist ein weiterer Alleskönner, der in keiner Low-Carb-Küche fehlen darf.

Ich achte bei Milchprodukten nicht nur darauf, immer Vollfettprodukte zu nehmen, sondern kaufe auch nur Produkte aus Grasfütterung. Warum ich das tue? Durch die Weidetierhaltung kann ich sicher sein, dass die Tiere artgerecht gehalten werden, und zusätzlich sind die Milchprodukte noch reicher an wertvollen Mineralien und Nährstoffen. Vorbei sind die Zeiten von fettreduzierten Light-Produkten!

### Frischkäse
Die festere Konsistenz von Frischkäse in Doppelrahmstufe ist optimal, wenn es mal schnell gehen muss: Soßen können durch Frischkäse schnell abgebunden werden und bekommen durch ihn einen frischen und cremigen Geschmack. Der Eiweiß- und Fettanteil in Doppelrahm-Frischkäse ist aus Low-Carb-Sicht nahezu perfekt.

### Mozzarella
Abwechslung tut gut. Und eine weitere Käsesorte, zu der ich sehr gerne greife, ist Mozzarella. Frisch, gerieben, aus Büffel- oder Kuhmilch … ich wechsele gerne zwischen den unterschiedlichen Varianten. Verschiedenste Sorten und Varianten des Mozzarellas finden sich in jedem gut sortierten Supermarkt.

### Thunfisch aus der Dose (in Olivenöl)
Thunfisch ist einer meiner absoluten Lieblings-Low-Carb-Fische. Er ist sehr reich an gesunden Fetten und liefert dem Körper hochwertiges Eiweiß. In der Variante für die schnelle Low-Carb-Küche ist Thunfisch aus der Dose eine tolle Alternative zu frischem Fisch. Hierbei sollte man unbedingt darauf achten, dass man Thunfisch aus nachhaltiger, delphinfreundlicher Fischerei kauft. Der Thunfisch sollte in Olivenöl und nicht in Sonnenblumenöl oder Wasser eingelegt sein.

### Chorizo-Salami
Diese spanische Version der Salami ist eine tolle Möglichkeit, um besondere Würze in Gerichte zu bekommen. Hier gibt es auch Unterschiede: von leichter Würze bis hin zu feurig scharf. So können Sie die Gerichte ganz leicht an Ihre persönliche Wunschschärfe anpassen.

## Frische Zutaten für die schnelle Low-Carb-Küche

Tierisches Eiweiß in Form von Fleisch und Fisch ist ein wichtiger Bestandteil vieler meiner Low-Carb-Gerichte. Beim Kauf von Fleisch oder allgemein tierischen Erzeugnissen achte ich darauf, hochwertige Produkte zu kaufen. Artgerechte und regionale Tierhaltung sind nicht nur in Anbetracht von Tierschutz und weiteren ökologischen Faktoren sinnvoll. Der positive Nebeneffekt ist, dass das Fleisch von »glücklichen« Tieren zum Beispiel aus Weidehaltung viel nährstoffreicher ist. Die Tiere wachsen gesund und mit ausreichend Platz und Zeit heran. Dadurch werden auch die entsprechenden Nährstoffe im Fleisch aufgebaut.

### Hühnchenbrust

Das Hühnerfleisch gehört zu den eher mageren Fleischsorten – aber ist von meinem Speiseplan nicht wegzudenken. Geschickt kombiniert mit gesunden Fetten in der Beilage oder Soße, ist auch dieses Fleisch eine Low-Carb-Spezialität. Um Huhn in der schnellen Low-Carb-Küche trotzdem sicher zu garen, schneide ich Filets gerne im sogenannten Schmetterlingsschnitt oder in kleinere Stücke.

### Hackfleisch

Hackfleisch ist vielseitig und lecker. Aber auch hier greife ich auf Fleisch aus regionaler Tierhaltung zurück. Für die Rezepte macht es keinen Unterschied, ob reines Rinderhackfleisch, Schweinehackfleisch oder auch »Gemischtes« verwendet wird. Die Nährwerte sind fast gleich und so kann man die Gerichte nach dem eigenen Geschmack variieren.

### Bacon-Speck

Bacon ist etwas, von dem ich wohl nie genug bekommen kann. Kross gebraten, der Duft steigt aus der Pfanne auf – wem läuft da nicht das Wasser im Mund zusammen? Bacon kann vielen Gerichten einen besonderen Kick geben.

### Lachsfilets

Frischer Lachs aus nachhaltiger Fischerei bringt genau die Fette mit, die wir brauchen: Omega-3-Fettsäuren. Diese wirken im Körper entzündungshemmend und gleichen somit den oftmals zu hohen Omega-6-Fettsäuren-Konsum über die normale Nahrung aus. Nebenbei gibt uns der Fisch langanhaltende Energie und hält lange satt. Ob Sie den Fisch frisch einkaufen oder in tiefgekühlter Form, spielt keine Rolle.

### Zucchini

Sie werden staunen, was eine Zucchini alles kann. Als schnell gegarte Gemüsebeilage kennen Sie sie sicher schon, aber wusste Sie auch, dass man aus Zucchini wunderbar »Nudeln« herstellen kann, sogenannte Zoodles (Seite 60)? Sie lässt sich auch, ähnlich wie eine Paprika, sehr gut füllen oder überbacken. Kein Wunder, dass die Zucchini in der schnellen Low-Carb-Küche eine große Rolle spielt.

### Blattspinat – frisch oder gefroren

Spinat wird leider oft gemieden. Er schmeckt leicht herb – andere würden sagen: bitter. Aber genau diese Bitterstoffe regen die Verdauung an und vermindern den Heißhunger auf Süßes. Also

ran an den Spinat. In leckerer Kombination wird er sicherlich auch zu Ihrem neuen Lieblingsessen.

### Blumenkohl

Das Low-Carb-Gemüse Blumenkohl ist nicht nur lecker und gesund, sondern auch unglaublich vielseitig einsetzbar. Es stellt die Basis vieler Low-Carb-Gerichte dar, die normalerweise mit Getreideprodukten oder Reis zubereitet werden, und findet sich daher im Pizzateig (Seite 78), im Waffelteig (Seite 41) und selbst im Milchreis (Seite 31). Da Blumenkohl nur einen zarten Eigengeschmack hat, ist der Austausch kein Problem. Natürlich wird Blumenkohl auch bei mir mal klassisch als Gemüsebeilage oder Rohkost im Salat verwenden. Er lässt sich übrigens auch prima als »Schnitzel« braten und ist damit eine tolle vegetarische Alternative. Ich schätze die Vielseitigkeit und verwende daher sehr oft und gerne Blumenkohl.

## Paprika

Bei den verschiedenen Paprika-Sorten sind vor allem die grünen interessant (siehe Kasten). Gelbe, orange und rote Paprika schmecken zwar lieblicher, haben aber einen im Vergleich viel höheren Kohlenhydratanteil. Wenn Paprika die Grundlage eines Gerichts darstellt, also in größeren Mengen verzehrt wird, sollten Sie ausnahmslos zu grünen greifen. Als essbare Deko sind natürlich auch alle anderen Farbvarianten o.k.

## Salatgurke

Während in Deutschland Gurken eigentlich fast nur roh als Salatzutat auf den Tisch kommen, werden sie in anderen Ländern wesentlich vielseitiger eingesetzt und zubereitet. Dort werden dann auch unterschiedliche Gurkensorten verwendet: gebraten, gedünstet oder geschmort. Gurken sind ein ideales Low-Carb-Gemüse, weil sie sehr wasserreich und kohlenhydratarm sind. Sie sind leicht verdaulich und passen zu vielen Gerichten.

## Champignons

Pilze finde ich toll – mit ihrem Geschmack nach Wald; vor allem natürlich in den Herbstmonaten, wenn man entweder selbst sammeln gehen kann oder auch im Bauernladen ganz frische Exemplare bekommt. Aber auch die Supermärkte sind inzwischen gut sortiert und bieten ganzjährig zumindest Champignons an. Aus Low-Carb-Sicht sind Champignons mit einem Wasseranteil von ca. 90%, bei relative hohem Protein-, aber sehr geringem Kohlenhydratanteil auf jeden Fall eine beliebte Zutat.

## Avocado

Die Avocado – in Südamerika auch die Butter des Urwalds genannt – stammt ursprünglich aus Mexiko. Es gibt kaum eine andere Frucht, die so reich an gesunden Fetten ist! Diese machen lange satt und sind dabei sehr gesund. In der Avocado stecken neben einer Vielzahl von Mineralien und Vitaminen auch viele Aminosäuren. Avocados sind daher meine absolute Lieblingsspeise. In allen

---

### Her mit dem grünen Gemüse!

Vielleicht fällt auf, dass ich für die schnellen Low-Carb-Rezepte nur grünes Gemüse verwende. Warum ist das so? Grünes Gemüse hat von Natur aus besonders wenige Kohlenhydrate und ist dafür reich an Eisen und Mineralien. Wenn es also bei Gemüsesorten verschiedene Farbvarianten gibt, wie bei Paprika oder Zucchini, wählen Sie die grüne Variante des Gemüses. Rote Paprika enthält beispielsweise doppelt so viele Kohlenhydrate (6 g/100 g) wie grüne Paprika (3 g/100 g).

Variationen! Warm, kalt, mit Gewürzen und Käse überbacken, püriert in einer Soße, gewürfelt im Salat oder auch in einer süßen Variante zubereitet. Die sehr empfehlenswerte Sorte »Hass« ist inzwischen in vielen Supermärkten erhältlich. Achten Sie beim Kauf darauf, dass die Avocado nicht zu fest – also unreif – ist, es sei denn, Sie wollen sie zu Hause nachreifen lassen.

### Heidelbeeren – frisch oder gefroren

Das Tolle an Beeren ist die Tatsache, dass sie von Natur aus weniger Zucker enthalten als anderes Obst. So bleibt der Blutzuckerspiegel trotzdem relativ konstant. Der übermäßige Konsum von Obst und vor allem Südfrüchten ist leider aufgrund des hohen Kohlenhydratanteils nicht Low-Carb-geeignet. Viel zuckerreiches Obst oder Fruchtsaft treiben den Blutzuckerspiegel genauso in die Höhe wie Gummibärchen oder Schokolade. Sie führen daher in gleicher Weise zu Heißhungerattacken wie herkömmliche Naschwaren. Also lieber zu Beeren greifen – frisch oder gefrorenen (ungesüßt!), je nachdem, was die Saison hergibt.

## 12 Gewürze reichen aus

Gewürze verleihen Gemüse, Fleisch, Fisch & Co. den letzten Pep. Sie unterstützen teilweise die natürlichen Aromen der Zutaten oder geben Gerichten eine ganz eigene Note. Gewürze eröffnen unendliche Kombinationsmöglichkeiten. So lassen sich auch bekannte Gerichten immer neu variieren. Ich selbst kaufe gerne hochwertige Gewürze, von denen man nur geringe Mengen braucht und lange etwas hat.

### Cumin – Kreuzkümmel

Cumin, auch Kreuzkümmel genannt, ist ein kraftvolles Gewürz, das jedem Gericht eine exotische Note verleiht. Neben dem intensiven Geschmack, den das Gewürz mitbringt, regt Cumin durch die enthaltenen ätherischen Öle auch die Verdauung an. Kreuzkümmel ist übrigens nur ein sehr entfernter Verwandter des Kümmels. Die Pflanzengattungen sind verschieden und die beiden Gewürze unterscheiden sich auch deutlich im Geschmack.

### Chipotle-Chilipulver

Es gibt so viele verschiedene Chili-Sorten mit unterschiedlichen Schärfegraden, dass man kaum noch den Überblick behalten kann. In diesem Fall ist der persönliche Gaumen sicher die beste Beratung – Sie können gerne mehr oder auch weniger Chili verwenden. Ich selbst liebe die aromatische und gleichzeitig scharfe Note des Chipotle-Chilis am allermeisten!

### Rosmarin

Ich verwende sehr gerne frischen Rosmarin. Er ist herb und bringt mediterranes

Flair in das Gericht. Wem der Geschmack zu intensiv ist, der kann die im Rezept angegebene Menge natürlich reduzieren. Zupfen Sie die kleinen Blätter vom Stängel und schneiden Sie diese klein. Alternativ ist getrockneter Rosmarin natürlich auch gut.

## Thymian

Genauso ein mediterranes Gewürz, das ich zum Verfeinern von Speisen sehr schätze! Thymian verfügt über ein sehr eigenes Aroma, das beim Kochen und Essen Nase und Gaumen umschmeichelt. Hier ebenso die Blätter vom Stiel trennen und dann klein hacken. Die frische Variante bringt natürlich die meisten Aromen mit, jedoch muss auch ich im Winter öfter auf die getrocknete Version ausweichen.

## Currypulver

Oft wird fälschlicherweise angenommen, es handele sich um ein Produkt des Currybaums oder um das Gericht »Curry«. Dabei ist ein Currypulver immer eine Mischung aus einer Vielzahl von Gewürzen. Im früheren Indochina liegen die Ursprünge dieser Mischungen, welche vorrangig zum Würzen der sogenannten Currys benutzt werden. In den verschiedenen Zutaten liegt auch das Geheimnis des vollaromatischen Geschmacks. Kurkuma, Koriander, Paprika, Zimt, Ingwer, Szechuanpfeffer sind nur einige der Ingredienzien. Kein Wunder, dass man mit Currypulver fantastische Gerichte kreieren kann.

## Dijon-Senf

Senf ist nicht nur zum Dippen und Bestreichen bestens geeignet. Die gelungene Kombination aus Säure, Schärfe und dem besonderen Aroma der vermahlenen Senfkörner ist das i-Tüpfelchen für Soßen und Dips. Ich achte beim Senf vor allem darauf, nur echten Dijon-Senf zu kaufen, da dieser mit nur wenig Zucker hergestellt wird.

## Schnittlauch

Schnittlauch bringt eine frische, fast scharfe Note in die Gerichte. Sie können ihn frisch kaufen (Kräutertöpfchen oder Bund) oder die TK-Varianten verwenden. Da ich das Verfeinern oder Abrunden mit Kräutern liebe, habe ich viele verschieden Töpfe auf meinem Fensterbrett in der Küche und auf dem Balkon stehen. So kann ich nach und nach »ernten« und habe immer frische Kräuter zur Hand, um dem Essen den letzten Schliff zu geben.

## Knoblauch

Am Knoblauch scheiden sich die Geister. Manche mögen die kleine Knolle, welche ebenso als Heilpflanze gilt, nicht besonders, während andere einfach nicht genug davon bekommen können. Ich selbst finde das intensive Aroma köstlich. Nebenbei unterstützt Knoblauch auch noch das Im-

munsystem und wirkt antibakteriell. Und gegen den Geruch kann man nach dem Essen einen Schluck Milch trinken!

## Limette/Zitrone

Limetten und Zitronen gelten als natürliche Geschmacksverstärker. Sie verhindern außerdem, dass Cremes und Speisen »oxidieren«, das heißt unansehnlich braun werden. Das alles bewirkt die erfrischende Säure, welche ich als Abrundung für viele Gerichte außerordentlich schätze. Sauer macht lustig, heißt es ja! Ob Sie sich lieber von der kleinen Limette oder einer Zitrone »belustigen« lassen, ist Ihnen überlassen.

## Vanille

Die Königin der Gewürze. Die feinen Aromen geben Desserts einen unvergleichlich intensiven Geschmack und eine Süße ganz ohne Zucker.

## Kakao

Immer noch werden die wertvollen Früchte des Kakaobaums von Hand geerntet und in verschiedenen Schritten fermentiert, getrocknet und weiterverarbeitet zu Kakaomasse und Pulver. Als Naschkatze finde ich den Prozess natürlich besonders spannend, da dies die Grundlage für Schokolade, Pralinen und in Pulverform auch für Schokoladenkuchen ist. Verwenden Sie nur Back-Kakao, der zu 100% aus Kakao besteht, ohne zugefügten Zucker. Da Kakao von Haus aus Stärke (also Kohlenhydrate) enthält, sollte man auch von Back-Kakao nie übermäßig viel nehmen.

## Zimtblüte oder Zimt

Süßer als die bekannte gemahlene Zimtrinde, bestechen die gemahlenen Zimtblüten durch ein intensives Aroma! Man braucht nur sehr wenig davon. Wer keine gemahlenen Zimtblüten hat oder kaufen will, kann aber natürlich auch »normalen« Zimt verwenden.

## Basics für Ihre Low-Carb-Küche

Die folgenden Zutaten für die schnelle und einfache Low-Carb-Küche bilden für mich ein gutes Fundament. Viele davon haben Sie sicherlich ohnehin schon im Haus. Zusätzlich erfordert die Low-Carb-Küche einige spezielle Basics, wie Flohsamenschalenpulver und Chia-Samen, die herkömmliche – zu kohlenhydratreiche – Koch- und Backzutaten wie Mehl und Stärke ersetzen. Da Sie diese Low-Carb-Basics sehr häufig brauchen werden, lohnt es sich, sie immer fest im Sortiment zu haben. Sie finden Sie im gut sortierten Supermarkt oder Bio-Markt und natürlich im Internet.

### Salz und Pfeffer

Ich verwende sehr gerne Steinsalz, da es nicht nur das reine Natriumchlorid zum Salzen enthält, sondern viele weitere hochwertige Minerale. Beim Pfeffer mag ich es würzig. Die verschiedenen Sorten Pfeffer wechsle ich gerne durch, um den Gerichten so immer wieder eine neue Note zu verleihen.

Welche Salz- oder Pfefferarten und -mengen Sie nehmen, hängt nur von Ihrem persönlichen Geschmack ab; auf die Nährwerte wirkt sich das nicht aus.

### Butter, Kokosöl, Olivenöl

Meine drei Fettsorten zum Anbraten sind Butter, Kokosöl und Olivenöl.

Bei der Butter greife ich, wie bei meinen restlichen Milchprodukten, zu Produkten aus Weidelandhaltung. Die Haltung der Kühe auf der Weide und die Grasfütterung geben der Butter einen besonderen Geschmack und viele gesunde Nährstoffe.

Kokosöl ist sehr hitzebeständig und enthält viele mittelkettige Fettsäuren (MCTs), die ideal für die Low-Carb-Ernährung sind. Zum Anbraten ist es perfekt geeignet. Wer den leichten Kokosgeschmack bei deftigen Gerichten nicht mag, kann stattdessen zur Butter greifen.

Olivenöl darf nicht zu stark erhitzt werden, damit es nicht verbrennt. Dies erzeugt neben Bitterstoffen auch ein unschönes Aroma. Ich variiere zwischen milden und kräftigeren Ölen, je nach meinem Geschmack.

### Zwiebel

Die Zwiebel ist ein tolles Gemüse. Eine der Besonderheiten ist sicherlich die antibakterielle Wirkung. In meinen Rezepten verfeinern Zwiebeln vor allem als Geschmacksgeber die Gerichte. Geschmort, gedünstet oder auch roh kommen sie zum Einsatz. Die Wahl der Sorte liegt ganz bei Ihnen. Frühlingszwiebeln, Gemüsezwiebeln oder rote Zwiebeln – wählen Sie gerne Ihren Liebling aus!

### Xylit

Xylit ist ein natürlicher Zuckeraustauschstoff (Süßungsmittel), welcher den Insulinspiegel kaum ansteigen lässt und keine verwertbaren Kohlenhydrate enthält. Xylit wird aus gentechnikfreien Maisspindeln, Buchen- oder Birkenholz gewonnen. Man kann normalen Haushaltszucker einfach 1:1 durch Xylit ersetzen. Süße und Körnung sind dieselben wie bei gewöhnlichem Zucker.

Xylit hat 40% weniger Kalorien als Haushaltszucker und einen niedrigen glykämischen Index – optimal für jede Low-Carb-Ernährungsform, bei Diabetes und bei einer gesunden, zucker- und kohlenhydratreduzierten Ernährungsweise. Wenn Sie es ohnehin nicht so gern süß mögen oder brauchen, können Sie die angegebene Xylitmenge natürlich reduzieren. Xylit hat keinen Eigengeschmack, es bleibt also kein unangenehmer Nachgeschmack im Mund nach dem Essen.

### Backpulver

Ich nehme immer Backpulver auf Basis von Maisstärke, weil dies garantiert glutenfrei ist. Auch wenn Maisstärke auf 100 g gerechnet viele Kohlenhydrate enthält, fällt das bei der geringen Menge an Backpulver, die man benötigt, nicht ins Gewicht.

### Flohsamenschalenpulver

Flohsamen sind die Samen der in Indien beheimateten Pflanze Plantago ovata. Die Samen sind sehr stark quellfähig, weshalb sowohl die ganzen Samen als auch die zu feinem Pulver vermahlenen Schalen als natürliches Bindemittel verwendet werden. In wässriger Flüssigkeit quellen die Flohsamen extrem auf, sie dicken daher eine Speise nicht nur an, sondern vergrößern auch das Volumen, was zu einer guten Sättigung führt. Das hilft beim Abnehmen und reguliert die Verdauungstätigkeit. Flohsamen werden daher auch als pflanzliches Mittel gegen Verstopfung eingesetzt. Außerdem tragen sie zur Senkung des Cholesterinspiegels bei. Flohsamen sind glutenfrei, schmecken neutral und eignen sich perfekt zum Mischen mit Getränken, Suppen und Müslis.

### Chia-Samen

Chia-Samen gehören innerhalb der Familie der Lippenblütler zur Gattung der Salbeipflanzen und sind in Mexiko beheimatet. Die Azteken haben sie schon vor Tausenden von Jahren als Grundnahrungsmittel und Heilsamen verwendet. Chia-Samen enthalten – ähnlich wie Flohsamen – wertvolle Schleimstoffe, die in Verbindung mit Wasser zu einem Gel aufquellen und ihr Gewicht um das Neun- bis Zehnfache erhöhen. Außerdem sind sie reich an Omega-3-Fettsäuren, an Antioxidanzien und vielen anderen Vitalstoffen. Chia-Samen sind extrem vielseitig und lassen sich mit zahlreichen Rezeptideen gut in die tägliche Ernährung integrieren. Sie enthalten etwa doppelt so viel Eiweiß wie andere Samen und sind kalziumreicher als Milch. Außerdem steckt das Spurenelement Bor in Chia-Samen, das die Kalziumaufnahme im Körper unterstützt.

### Eier

Eier sind aufgrund ihrer Nährstoffzusammensetzung ein ganz ausgezeichnetes Low-Carb-Lebensmittel. Was viele nicht wissen, ist, dass das Eigelb mehr Proteine enthält als das Eiweiß (auch Eiklar genannt). Im Dotter steckt aber auch der größte Teil der hochwertigen Fette und Aminosäuren, die so wichtig für unseren Körper sind. Am besten können sich all die wichtigen Makro- und Mikronährstoffe natürlich bilden, wenn das Huhn in artgerechter Haltung lebt und artgerecht ernährt wird. Anlaufstelle Nummer eins ist für mich daher ein Bauernladen hier im schönen Frankenland. Glückliche Hühner = gesunde Eier!

Aber wenn es die Zeit einmal nicht erlaubt und ich auf dem Weg nach Hause beim Supermarkt anhalte, habe ich eine kleine Eselsbrücke im Kopf, mit der ich mich im Dschungel der Kennzeichnungen zurechtfinden kann. Ich schaue auf den Stempel, der auf den Eiern ist. Die erste Ziffer in der Zahl gibt an, aus welcher Haltung die Eier stammen.
- 0 oder 1 – das ist meins!
- 2 oder 3 – da kauf ich kein Ei!

Mit der Ziffer 0 oder 1 unterstützt man Freilandhaltung mit Futter aus ökologischem Anbau (0) oder die Freilandhaltung (1).

### Mayonnaise

Vielleicht müssen Sie sich erst daran gewöhnen, dass Mayonnaise auf einmal »erlaubt« ist. Folgt man den meisten Diäten und Ernährungsempfehlungen, muss man ja einen weiten Bogen darum machen. Doch in meiner Low-Carb-Küche ist sie eine beliebte Zutat. Denn sie ist energiereich und steckt voller gesunder Fette und Proteine, ganz zu schweigen davon, wie lecker sie ist! Das verwendete Basisöl sollte Rapsöl sein. Leider wird für viele Marken-Mayonnaisen noch immer Sonnenblumenöl verwendet. Doch Rapsöl hat einfach ein viel besseres Verhältnis von Omega-3- zu Omega-6-Fettsäuren als Sonnenblumenöl. Ebenso sollte man darauf achten, dass das Produkt nicht mehr als 5 g Kohlenhydrate pro 100 g hat. Die Angaben zu den Zutaten und die Nährwerte finden sich glücklicher Weise inzwischen auf allen Verpackungen.

## Meine geliebten Küchenhelfer

Natürlich kann man in jeder normal ausgestatteten Küche Low-Carb-Mahlzeiten zubereiten. Doch ich will Ihnen kurz einige Geräte vorstellen, die ausgesprochen praktisch und hilfreich sind.

## Mr. Magic

Ein Alleskönner in meiner Küche ist Mr. Magic. Pürieren, Zerkleinern, Vermahlen: Mr. Magic macht seinem Namen alle Ehre. Ich bin wirklich begeistert von diesem Küchenhelfer, weil alles an dem Gerät so einfach zu handhaben, praktisch und durchdacht ist. Das Mixgefäß kann man zum Beispiel mit einem Deckel zuschrauben, dann dient es gleich der Aufbewahrung und man muss nichts umfüllen. Mit dem Mr. Magic zaubert man im Handumdrehen Puddings, Dressings, Avocadocremes und vieles mehr. Dabei stimmt das Preis-Leistungs-Verhältnis meines Erachtens absolut. Er nimmt wenig Platz weg und hat verschiedene praktische Aufsätze, Deckel und Behältnisse, die man flexibel nutzen kann.

## Pürierstab

Suppen, Soßen und Bratenfonds kann man mit einem Pürierstab direkt im Topf schnell sämig und glatt pürieren. Aber bitte vorsichtig, damit es nicht spritzt und man sich bei heißen Speisen nicht verbrennt. Vor allem in der schnellen Küche ist der Zauberstab ein treuer Begleiter. Auch Mayonnaise, Sauce Hollandaise, Low-Carb-Eiermilch und viele andere Leckereien sind ohne viel Zeit und Aufwand schnell produziert.

## Waffeleisen

Low-Carb-Waffeln sind ebenso deftig wie auch süß ein absoluter Genuss. Im Waffeleisen bereite ich mir auch mein Low-Carb-Sandwich zu: ein perfektes Abendessen nach einem langen Tag. Daher gehört auch das Waffeleisen zu meinen Küchenlieblingen. Es ist schnell aufgeheizt, lässt sich einfach säubern und zaubert im Nu leckere Waffeln. Als Pizza-Variation oder gebacken und belegt mit Käse und Ei oder vielleicht doch die süße Variante als Dessert? In der schnellen Low-Carb-Küche habe ich so nicht nur die Möglichkeit, ratzfatz ein leckeres Essen zuzubereiten, sondern es ist auch eine genussvolle Art Gäste oder spontanen Besuch mit einem kreativen Gericht zu verwöhnen.

## Julienne-Schneider – Spiralschneider

Für normale Nudeln ist im Low-Carb-Alltag kein Platz. Denn es sind wahre Kohlenhydratbomben mit bis zu 70 g Kohlenhydrate auf 100 g. Da sind Gemüsenudeln eindeutig die bessere Alternative! Mein Favorit sind ganz klar die Zucchini-Nudeln, auch Zoodles genannt. Aber wie werden denn aus den Zucchinis Nudeln? An dieser Stelle kommt der Spiralschneider ins Spiel. Mit ihm lassen sich im Handumdrehen aus den unterschiedlichsten festen Gemüsesorten (wie z.B. Zucchini, Gurken, Rettich) Gemüsenudeln herstellen. Natürlich hilft er auch bei der Salatzubereitung. Bei vielen Modellen kann man auch die Spirelli-Dicke (2–5 mm) verändern. Et voilà: Gemüsenudeln!

# Low-Carb-Schnellrezepte

Jetzt kann es losgehen! Viel Spaß und Genuss beim Ausprobieren meiner 60 schnellen Rezepte; es ist garantiert für jeden Geschmack etwas dabei.

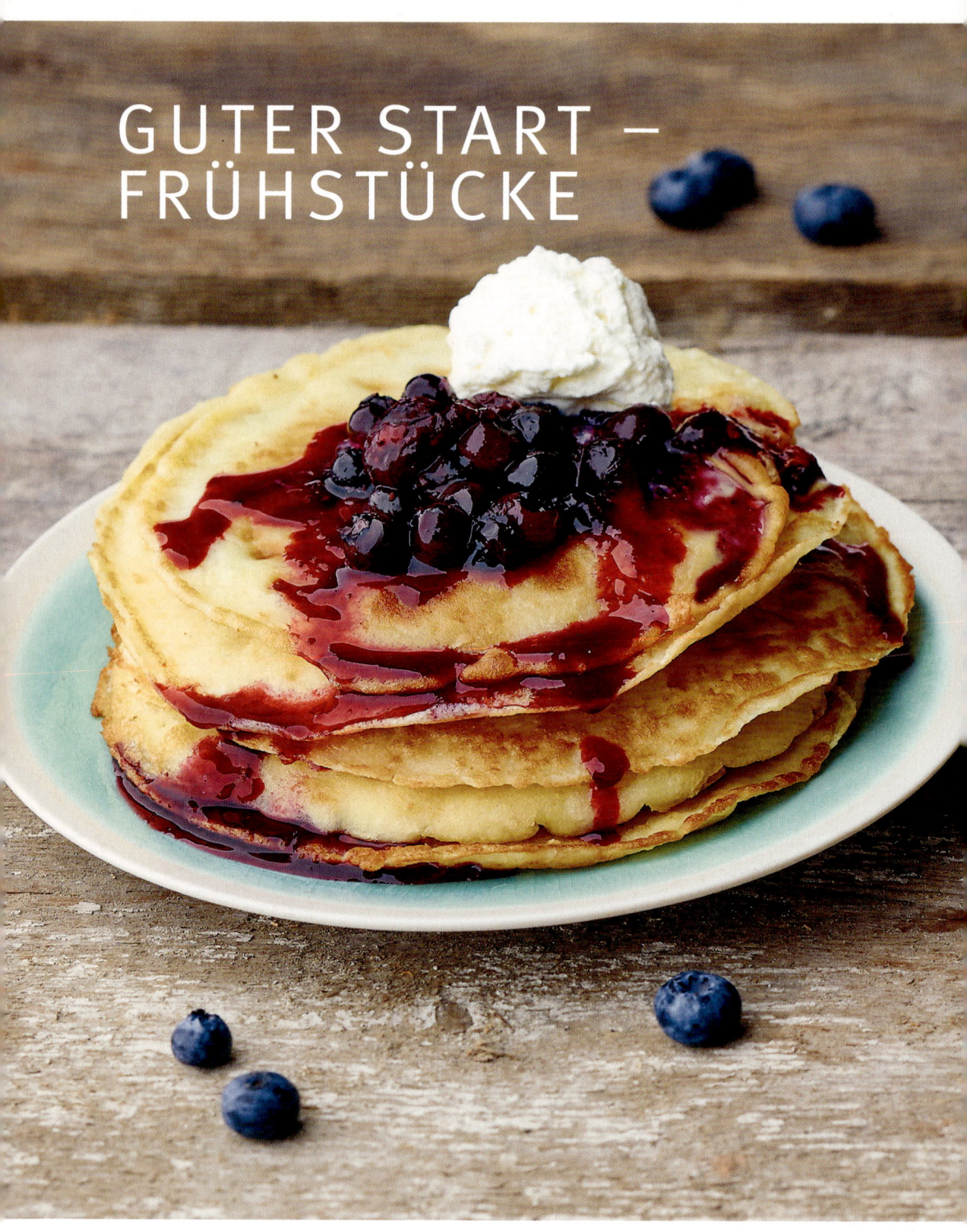

# GUTER START – FRÜHSTÜCKE

Ganz klar, morgens muss es schnell gehen! Daher sind alle Frühstücksrezepte auch fix gemacht. Und natürlich haben Sie die große Auswahl. Für jeden Frühstücksgeschmack ist etwas dabei: herzhaft, gemüsig, süß, schokoladig oder vielleicht doch lieber fruchtig!? Suchen Sie sich Ihren Favoriten aus, mit dem Sie voller Power in den Tag starten wollen. Und nehmen Sie sich, falls es möglich ist, ein paar Minuten, um das Frühstück zu genießen.

Da ich selbst kein großer Frühstücker bin, ist mein morgendlicher Favorit ein Bullet-Proof-Coffee. Der besteht aus 250 ml frisch gebrühtem Kaffee, 20 g Kokosöl (oder MCT-Öl) und 20 g Butter. Das Ganze muss mind. 20 Sekunden lang gemixt werden, damit das Fett fein emulgiert wird. Schmeckt super! Und die Mischung aus hochwertigen Fetten und Koffein macht nicht nur wach, sondern sättigt auch langanhaltend.

◂ Pancakes mit Heidelbeeren (Seite 30)

## Pancakes mit Heidelbeeren

>> Locker, leicht und fluffig gleiten die Pancakes auf den Teller. Statt Heidelbeeren passen auch Himbeeren oder klein geschnittene Erdbeeren wunderbar dazu.

Für 2 Personen
⊙ 15 Min.

Frisch  150 g Heidelbeeren (frisch oder TK)
Vorrat  70 g blanchierte, gemahlene Mandeln • 270 ml Sahne

● **2 Eier, 25 g Xylit** mit den gemahlenen Mandeln und 120 ml Sahne 30 Sek. im Mixer mixen und danach den Teig 3–5 Min. stehen lassen.

● Die Heidelbeeren mit **35 g Xylit** in einen Topf geben und leicht köcheln lassen. 150 ml Sahne steif schlagen

● Eine Pfanne mit **1 EL Butter** auf mittlerer Stufe erhitzen. Etwas Teig in die Pfanne geben und verteilen (Pancake sollte etwa 8 cm Durchmesser haben). Von beiden Seiten ausbacken.

● So lange wiederholen, bis der Teig aufgebraucht ist. Pancakes auf 2 Teller türmen, die Heidelbeersoße darübergießen und das Ganze mit Schlagsahne krönen.

Nährwerte je Portion (mit Sahne-Topping)
655 kcal • 10 g KH • 16 g E • 52 g F

## Cheddar-Tassenkuchen

>> Haben Sie Lust auf einen schnellen, deftigen Frühstücksstarter? Dann ist dieser herzhafte Tassenkuchen mit würzigem Käse vielleicht genau das Richtige für Sie.

Für 1 Tassenkuchen
⊙ 5 Min.

Vorrat  10 g blanchierte, gemahlene Mandeln • 5 g Kokosmehl • 20 g Cheddar, gerieben
Gewürze  1 EL Schnittlauch, gehackt

● **1 Ei, 30 g Butter, ½ TL Backpulver** und **1 Prise Pfeffer** mit den genannten Zutaten in den Mixer geben und alles 45 Sekunden gut verrühren. Den Teig in eine Tasse füllen.

● Den Tassenkuchen in der Mikrowelle auf höchster Stufe 90 Sekunden backen. Schon ist der kleine Kuchen fertig. – Noch warm genießen.

Nährwerte je Portion
235 kcal • 1 g KH • 8 g E • 23 g F

# Low-Carb-Milchreis

>> Wetten, das haben Sie noch nie probiert? Doch in Kokosmilch gekochter Blumenkohl kommt sowohl in Geschmack als auch in der Konsistenz dem herkömmlichen Milchreis verblüffend nahe. Dank der Chia-Samen dickt das Ganze auch richtig an. Eignet sich als süßes Frühstück oder als Dessert.

**Für 2 Personen**
⊘ 15 Min.

**Frisch** 230 g Blumenkohl
**Vorrat** 200 ml Kokosmilch
**Gewürze** 1–2 Prisen Vanille • 1 TL Zimt oder Zimtblüte

● Blumenkohl waschen, vom Strunk lösen und die Röschen sehr fein raspeln (mit einer Käsereibe oder der Küchenmaschine).

● Blumenkohlraspeln, Kokosmilch, Vanille und **50 g Xylit** in einem Topf erhitzen und 8 Min. bei mittlerer Hitze köcheln lassen. Nun **30 g Chia-Samen** unterrühren. Milchreis bei gelegentlichem Rühren 5 Min. weiter köcheln lassen.

● Zimt mit **20 g Xylit** vermischen. Milchreis auf 2 Schalen verteilen und mit Zimt-Xylit-Mischung bestreuen. Aus **20 g Butter** mit dem Teelöffel kleine Locken abschaben und auf dem Milchreis verteilen.

**Nährwerte je Portion**
455 kcal • 5 g KH • 7 g E • 32 g F

## Frühstücks-Frittata

>> Texmex in Low Carb – die Frittata macht lange satt und versorgt Sie mit reichlich Energie für einen guten Start in den Tag.

**Für 2 Personen**
⏲ 20 Min.

**Frisch** 160 g Zucchini • 90 g grüne Paprika • 100 g Champignons
**Vorrat** 30 g Cheddar • 30 g Parmesan • 40 ml Sahne
**Gewürze** 1 EL Schnittlauch

● Zucchini und Paprika waschen und klein würfeln. Champignons putzen und in feine Scheiben schneiden

● **25 g Butter** in einer Pfanne erhitzen, das Gemüse darin anbraten und mit **Salz** und **Pfeffer** würzen.

● Währenddessen den Käse reiben und den Schnittlauch hacken. **4 Eier** mit der Sahne in einer Schüssel mit der Gabel verschlagen. Käse und Schnittlauch unterrühren.

● Wenn das Gemüse gebräunt ist, die Eierkäsemischung hinzugeben und stocken lassen. Fertige Frittata aus der Pfanne nehmen, vierteln und servieren.

**Nährwerte je Portion**
470 kcal • 5 g KH • 28 g E • 38 g g F

## Spiegelei im Specknest

>> Very british: Spiegelei mit kross gebratenem Speck; dazu frische Gurken und eine himmlisch cremige Avocadosoße. Das macht gute Laune!

**Für 1 Person**
⏲ 10 Min.

**Frisch** ¼ Avocado (50 g) • 70 g Salatgurke
**Vorrat** 2 Scheiben Bacon-Speck (15 g)
**Gewürze** ½ Limette, Saft • 5 g Schnittlauch

● Die beiden Scheiben Bacon-Speck quer halbieren und jeweils abwechseln quer und längs wie ein Nest in die Pfanne geben und anbraten. Nach 2 Min. **1 Ei** auf das Nest in die Pfanne schlagen.

● Während das Spiegelei brät, Avocado mit **20 ml Olivenöl**, **1 Prise Salz** und **Pfeffer**, Schnittlauch und Limettensaft pürieren.

● Die Gurke in Scheiben schneiden und auf einem Teller auslegen, das Spiegelei im Specknest daraufgeben und die Avocadosoße darüber verteilen.

**Nährwerte je Portion**
405 kcal • 3 g KH • 11 g E • 39 g F

▸▸ Frühstücks-Frittata

## Schokofee-Chia-Pudding

>> Supereinfach und superlecker! Schokoladiger Kaffee-Kokos-Pudding, der Ihnen den Morgen versüßt und gleich den Koffein-Kick mitliefert.

Für 1 Person
⊘ 5 Min.

Vorrat  60 ml Kokosmilch • 120 ml kalter Kaffee
Gewürze  10 g Kakao

● **30 g Chia-Samen** kurz im Mixer pulverisieren, damit es Chia-Samen-Mehl ergibt. So ist die Konsistenz des Puddings viel feiner.

● Nun Kokosmilch, Kaffee, Kakao sowie **20 g Xylit** hinzugeben und wieder mixen. Dann in eine Schale füllen und genussvoll frühstücken.

Nährwerte je Portion
340 kcal • 4 g KH • 9 g E • 25 g F

◂ Schokofee-Chia-Pudding

## Käse-Pilz-Omelette

>> Diese Eierspeisen stellen ein optimales Low-Carb-Frühstück dar und lassen sich beliebig variieren.

Für 2 Personen
⊘ 10 Min.

Frisch  300 g Champignons
Vorrat  30 g Chorizo-Salami • 50 g Mozzarella, gerieben
Gewürze  1 EL Schnittlauch, gehackt • ½ TL Chipotle-Chilipulver (optional)

● **1 Zwiebel (85 g)** halbieren und in Halbringe schneiden. Champignons putzen, entstielen und in Scheiben schneiden. Schnittlauch fein hacken. **4 Eier** mit **Salz, Pfeffer** und Chili verquirlen

● **15 g Butter** in einer Pfanne schmelzen und die Champignons und Zwiebeln darin 3 Min. anbraten. Dann in einer Schale zur Seite stellen.

● Die Eimasse in die Pfanne geben und bei mittlerer Hitze 5 Min. stocken lassen. Dann die Pilze, Zwiebeln, Mozzarella und Schnittlauch darauf verteilen und zur Hälfte zusammenklappen. In 2 Portionen teilen und servieren.

Nährwerte je Portion
370 kcal • 5 g KH • 26 g E • 27 g F

## Cinnamon-Roll-Pancakes mit Soße

》 Ein perfektes, sättigendes Frühstück für alle Süßschnäbel.

Für 2 Personen
⊙ 15 Min.

Vorrat  70 g blanchierte, gemahlene Mandeln • 140 ml Sahne • 50 g Frischkäse (Doppelrahmstufe)
Gewürze  1 TL Zimt oder Zimtblüten

● **2 Eier, 25 g Xylit** mit den gemahlenen Mandeln und 120 ml Sahne 30 Sekunden im Mixer mixen. Danach den Teig 3–5 Min. stehen lassen

● Für die Füllung **15 g Butter** schmelzen und mit **15 g Xylit** und Zimt verrühren. Für die Soße Frischkäse mit 20 ml Sahne sowie **20 g Xylit** verrühren und erwärmen.

● In einer Pfanne **1 EL Butter** auf mittlerer Stufe erhitzen und etwas Teig hineingeben und verteilen; der Pancake sollte ungefähr einen Durchmesser von 8 cm haben. Etwas Zimtfüllung mit einem Teelöffel spiralförmig auf dem Pancake verteilen und diesen von beiden Seiten ausbacken. So lange wiederholen, bis der Teig aufgebraucht ist.

**Nährwerte je Portion**
785 kcal • 5 g KH • 18 g E • 70 g F

## Gebackene Parmesan-Champignon-Eier

》 Spiegelei aus dem Ofen? Diese schnelle Variante des Klassikers lockt mit verführerischem Duft nach gebratenen Pilzen und würzigem Käse an den Frühstückstisch.

Für 2 Personen
⊙ 10 Min.

Frisch  500 g Champignons
Vorrat  40 g Parmesan
Gewürze  ¼ TL Chipotle-Chilipulver

● Ofen auf 200 °C Umluft vorheizen. Champignons putzen, entstielen und in Scheiben schneiden. Dann mit **50 g Butter** in einer Pfanne anbraten und mit Chili, **Salz** und **Pfeffer** kräftig würzen.

● Champignons auf 2 kleine Auflaufformen verteilen; für jede Form **2 Eier** aufschlagen und als Spiegelei darübergeben.

● Mit Parmesan bestreuen und 10 Min. im Ofen bei 200 °C backen.

**Nährwerte je Portion**
450 kcal • 2 g KH • 28 g E • 37 g F

❥ Cinnamon-Roll-Pancakes mit Soße

Frühstücke : Low-Carb-Schnellrezepte

# TO GO

Die Mittagspause im Büro oder in der Uni, der Bummel durch die Stadt, der Tagesausflug, die Geschäftsreise … der Hunger wird im Tagesverlauf unweigerlich kommen. Wer da nicht vorgesorgt hat, landet oft zwangsläufig beim Imbiss oder Bäcker und achtet dann nicht mehr darauf, dass Pizzaecken, Brötchen oder süße Teilchen nun mal nicht Low Carb sind.

Doch diesen »Notsituationen« kann man sehr leicht aus dem Weg gehen. Mit wenig Aufwand und Zeit lassen sich tolle Low-Carb-Mahlzeiten zum Mitnehmen vorbereiten. Die sind nicht nur gesund und gut für die Hüften … die schmecken auch meist viel besser als der schnelle Imbiss um die Ecke.

◄ Club Sandwich (Seite 40)

# Club Sandwich

》 Zugegeben, zunächst scheint es simpler, beim kleinen Hunger einfach 2 Toastscheiben zu rösten und zu belegen; die sind aber nun mal nicht Low Carb. Sie werden überrascht sein, wie schnell sich mit dem folgenden Rezept die perfekte Sandwich-Alternative zaubern lässt, die noch dazu wesentlich leckerer ist, als es ein Toast jemals sein kann.

**Für 1 Person**
⊘ 10 Min.

**Frisch**  50 g Blumenkohl • 25 g Salatgurke
**Vorrat**  55 g Mozzarella • 40 g Cheddar, gerieben • 20 g Bacon-Speck
**Gewürze**  ¼ TL Chipotle-Chilipulver • 1 EL Schnittlauch, gehackt

• Für den Waffelteig Blumenkohlröschen, geriebenen Mozzarella, 20 g Cheddar, ½ **TL Flohsamenschalenpulver (3 g)** und **1 Ei** zusammen in den Mixer geben und so lange mixen, bis ein homogener Teig entstanden ist.

• Das Waffeleisen aufheizen. Bacon-Speck in das Waffeleisen legen und ausbacken; sobald er knusprig gebraten ist, beiseitestellen. Danach den Teig einfüllen und die Waffel ausbacken.

• Währenddessen **20 g Mayonnaise** mit 1 TL Wasser, Chili und Schnittlauch verrühren. Nun die Waffel halbieren und beide Hälften mit der Mayo-Creme einstreichen.

• Dann eine Hälfte mit Bacon, Scheiben von **1 hart gekochten Ei** belegen und mit 20 g Cheddar bestreuen. Bei Bedarf mit **Salz** und **Pfeffer** würzen.

• Salatgurke mit dem Sparschäler in dünne Streifen schneiden und auf das Sandwich legen. Die beiden Hälften vorsichtig zusammenklappen und beherzt in das üppige Sandwich beißen oder sorgfältig zum Mitnehmen verpacken.

**Nährwerte je Portion**
665 kcal • 5 g KH • 42 g E • 50 g F

## Käsewaffel mit Schnittlauch-Dip

>> Eine deftige Stärkung für einen langen Tag außer Haus. Statt Getreidemehl kommt hier wieder der vielseitige Blumenkohl zum Einsatz. Ei und Flohsamenschalenpulver sorgen für die nötige Bindung.

Für 1 Person
⊘ 10 Min.

*Frisch* 50 g Blumenkohl
*Vorrat* 80 g Frischkäse (Doppelrahmstufe) • 55 g Mozzarella, gerieben • 20 g Parmesan, gerieben
*Gewürze* 1 EL Schnittlauch, fein gehackt

● Für den Dip Frischkäse, 20 ml Wasser, **30 g Mayonnaise** und Schnittlauch in einem verschließbaren Schälchen verrühren und mit **Salz** und **Pfeffer** würzen. Bis zum Mitnehmen im Kühlschrank lagern.

● Waffeleisen aufheizen. Blumenkohl, Mozzarella, Parmesan, **½ TL Flohsamenschalenpulver (3 g)** und **1 Ei** zusammen in den Mixer geben und so lange mixen, bis ein homogener Teig entsteht.

● Wenn das Waffeleisen heiß ist, den Teig einfüllen und die Waffeln ausbacken. Waffeln abkühlen lassen und zum Mitnehmen verpacken.

**Nährwerte je Portion**
635 kcal • 6 g KH • 32 g E • 51 g F

## Heidelbeer-Kokos-Shake

>> Ihr Power-Drink to go. Statt mit Heidelbeeren können Sie Ihren Kokos-Shake auch mit Himbeeren oder Erdbeeren zubereiten. Außerhalb der Beerensaison nehmen Sie einfach Tiefkühlware.

Für 1 Person
⊘ 5 Min.

*Frisch* 80 g Heidelbeeren
*Vorrat* 200 ml Kokosmilch
*Gewürze* 1 Msp. Vanille • 1 TL Zitronensaft

● Alle genannten Zutaten in den Mixer geben, 150 ml Wasser, **15 g Xylit, 1 EL Chia-Samen (15 g)** und bei Bedarf für einen Extra-Boost **1 EL Kokosöl** hinzugeben und alles fein pürieren.

● In gut verschließbares Gefäß geben und bis zum Verzehr kühl lagern. Vor dem Genuss noch einmal kräftig schütteln.

**Nährwerte je Portion**
490 kcal • 9 g KH • 7 g E • 42 g F

# Spinat-Bällchen

》 Snacken und Dippen unterwegs. Natürlich können Sie statt TK-Blattspinat auch frischen Blattspinat verwenden, den Sie nach dem Waschen kurz in einer beschichteten Pfanne dämpfen, bis er zusammengefallen ist.

Für 2 Personen
⊘ 20 Min.

Frisch  150 g Blattspinat (TK)
Vorrat  70 g Cheddar, gerieben • 150 g Kokosmehl • 140 g Frischkäse (Doppelrahmstufe)
Gewürze  ¼ TL Chipotle-Chilipulver • 1 EL Schnittlauch

● Backofen auf 180 °C Umluft vorheizen. Spinat auftauen und ausdrücken, damit so wenig Wasser wie möglich enthalten ist. Spinat mit **2 Eiern**, Cheddar und Kokosmehl vermischen und kräftig mit **Salz**, **Pfeffer** und Chili würzen.

● Aus der Spinatmasse Bällchen formen, auf ein mit Backpapier ausgelegtes Blech geben und 15 Min. bei 180 °C Umluft backen.

● Für den Dip Frischkäse mit Schnittlauch, 15 ml Wasser und **10 g Mayonnaise** verrühren und in ein gut verschließbaren Gefäß füllen.

### Nährwerte je Portion
540 kcal • 4 g KH • 30 g E • 54 g F

To go : Low-Carb-Schnellrezepte

## Salat im Glas

» Frisch und sommerlich. Ein leichter Salat für den kleinen Hunger zwischendurch oder als raffiniert angerichtete Beilage im schönen Glas.

**Für 1 Portion**
⏱ 5 Min.

**Frisch** 70 g grüne Paprika • 80 g Champignons • ½ Avocado (100 g)
**Vorrat** 40 g Chorizo-Salami
**Gewürze** ½ TL Senf • 1 EL Zitronensaft • 1 EL Schnittlauch

• Für das Dressing Avocado, Zitronensaft und Senf mit **35 ml Olivenöl, Salz** und **Pfeffer** mixen und als erste Schicht in ein großes Schraubglas füllen.

• Dann das Gemüse, **1 hart gekochtes Ei** und die Chorizo-Salami würfeln und nacheinander schichtweise in das Glas geben.

• Schnittlauch hacken, auf den Salat geben und das Glas zudrehen. Vor dem Essen das Glas schütteln, sodass sich das Dressing gut verteilt.

**Nährwerte je Portion**
790 kcal • 5 g KH • 20 g E • 74 g F

## Snickerdoodle-Tassenkuchen

» Zimtiges Frühstück oder süßer Snack für Zwischendurch – fertig in nur 5 Min.!

**Für 1 Tassenkuchen**
⏱ 5 Min.

**Vorrat** 10 g blanchierte, gemahlene Mandeln • 5 g Kokosmehl
**Gewürze** ¼ TL Zimtblüte oder Zimt • ¼ TL Vanille

• Für den Teig gemahlene Mandeln, Kokosmehl, **1 Ei, 30 g Butter, 15 g Xylit, ½ TL Backpulver** und Vanille 45 Sek. im Mixer verrühren und in eine Tasse geben.

• Den Tassenkuchen 90 Sek. in der Mikrowelle auf höchster Stufe garen.

• **1 TL Xylit** mit ¼ TL Zimt oder Zimtblüte mischen und über den fertigen Tassenkuchen streuen.

**Nährwerte je Portion**
435 kcal • 1 g KH • 11 g E • 38 g F

◂ Salat im Glas

## Eier im Glas

>> Das ideale Frühstück für unterwegs. Auch lecker als Mittagssnack. Diese Mahlzeit macht satt und lässt sich im verschlossenen Glas überallhin mitnehmen.

Für 2 Portionen
⊘ 20 Min.

Frisch  200 g Champignons • 4 Scheiben Bacon-Speck
Gewürze  1 EL Schnittlauch, gehackt

• 2 verschließbare Gläser im Wasserbad erhitzen: Dazu in einen Kochtopf so viel Wasser geben, dass die gefüllten Gläser zur Hälfte im Wasser stehen.

• **15 g Kokosöl** in einer Pfanne schmelzen. Währenddessen Bacon-Speck und Champignons klein schneiden und mit dem Schnittlauch im Kokosöl anbraten.

• Die Champignonmischung auf die beiden Gläser verteilen und jeweils **2 Eier**, wie Spiegeleier, aufschlagen und in die Gläser geben.

• Dann im Topf, mit geschlossenem Deckel bei mittlerer Hitze 15 Min. im Wasserbad stocken lassen, bis die Eier die gewünschte Konsistenz haben.

Nährwerte je Portion
310 kcal • 1 g KH • 21 g E • 25 g F

## Gefüllte Frühstückspaprika

>> In einer verschließbaren Dose super zu transportieren. Die würzig gefüllten Paprika sind deftig, aber nicht zu schwer. Da kann man beschwingt durch den Tag gehen!

Für 2 Personen
⊘ 15 Min.

Frisch  2 grüne Paprika (200 g)
Vorrat  40 g Parmesan, gerieben
Gewürze  1 EL Schnittlauch, gehackt

• Ganze Paprikaschoten von Stiel und Kerngehäuse befreien, die Böden und Deckel abschneiden. Paprika mittig halbieren, sodass ca. 3 cm hohe Paprika-Ringe entstehen.

• Diese in **20 g heißer Butter** in einer Pfanne anbraten. In jeden Paprikaring 1 Ei schlagen (insgesamt **4 Eier**) und bei mittlerer Hitze stocken lassen.

• Sobald die Eier fest sind, einmal wenden, mit **Salz** und **Pfeffer** würzen und mit Parmesan und Schnittlauch bestreuen. Sobald der Parmesan zerläuft, sind die Frühstückspaprika fertig.

Nährwerte je Portion
320 kcal • 5 g KH • 21 g E • 24 g F

## Gefüllte Tuna-Avocado

>> Was für eine wunderbare Kombination. Lecker, cremig, voll aromatisch und trotzdem leicht zu transportieren und mitzunehmen.

Für 2 Personen
⊘ 10 Min.

Frisch  2 Avocados (je 200 g)
Vorrat  140 g Thunfisch aus der Dose (in Olivenöl)
Gewürze  1 TL Currypulver • 1 Limette (Saft)

● Avocados halbieren und den Kern entfernen. Mit einem Löffel das Fruchtfleisch aus der Schale lösen und diese zur Seite legen. Fruchtfleisch in kleine Würfel schneiden und in eine Schüssel geben.

● Thunfisch mit Öl in eine weitere Schüssel geben und gut verrühren. ½ **Zwiebel (40 g)** fein würfeln und mit Limettensaft, Curry, **Salz** und **Pfeffer** über den Thunfisch geben und alles vermengen. Avocado-Würfel vorsichtig unterheben.

● Füllung in die Avocado-Schalen geben und genießen oder zum Mitnehmen in eine verschließbare Dose füllen.

Nährwerte je Portion
700 kcal • 3 g KH • 15 g E • 70 g F

## Faux-Couscous-Salat

>> Selbst Couscous – das als Getreide viel zu kohlenhydratreich ist – kann der vielseitige Blumenkohl ersetzen. Der falsche Couscous-Salat schmeckt nach aromatischen Gewürzen und ist erfrischend und leicht.

Für 2 Personen
⊘ 15 Min.

Frisch  300 g Blumenkohl • 1 Salatgurke (400 g) • ½ rote Paprika (50 g)
Gewürze  50 ml Zitronensaft • ¼ TL Cumin

● Blumenkohl zu Blumenkohlreis verarbeiten: Hierfür den Blumenkohl vom Strunk entfernen und mit der Käsereibe oder mit der Küchenmaschine fein raspeln – so schnell entsteht die perfekte Alternative zu Couscous oder Reis.

● Salatgurke, ½ **Zwiebel (40 g)** und Paprika fein würfeln und mit dem Blumenkohl vermischen. Mit **75 ml Olivenöl**, Zitronensaft, Cumin, ½ **TL Salz** und ½ **TL Pfeffer** würzen. Fertig ist der köstliche Salat.

Nährwerte je Portion
410 kcal • 11 g KH • 6 g E • 35 g F

## Hühnchen-Avocado-Salat

>> Die Zwischenmahlzeit für einen langen Tag. Avocado und Hühnchenbrust geben wertvolle Eiweiße und gesunde Fette – da kann man weiter powern!

Für 2 Personen
⊘ 15 Min.

Frisch  240 g Hühnchenbrust • 1 Avocado (200 g) • 500 g Salatgurke
Gewürze  1 EL Zitronensaft • 1 TL Dijon-Senf

● Für das Dressing Senf, **50 ml Olivenöl** und Zitronensaft in ein Schraubglas füllen, mit **etwas Salz** und **Pfeffer** würzen und kräftig schütteln, bis das Dressing emulgiert.

● Hühnchenbrust in mundgerechte Stücke schneiden und in einer Pfanne mit **1 EL Kokosöl (15 g)** braten, etwas abkühlen lassen.

● Avocado und Gurke in Scheiben schneiden und auf 2 Teller anrichten, das Hühnchen darauf verteilen und mit dem Dressing beträufeln. Oder zum Mitnehmen Gemüse und Hühnchen in separate Boxen füllen und Dressing im Schraubglas lassen; dann erst kurz vor dem Verzehr alles zusammenmischen.

**Nährwerte je Portion**
660 kcal • 6 g KH • 32 g E • 55 g F

## Thunfisch-Boote

>> Eines meiner Lieblingsgerichte, da man es so wunderbar vorbereiten kann: gut verpackt in einer Frischhaltebox für unterwegs oder auch zum Snacken auf der Couch.

Für 1 Person
⊘ 5 Min.

Frisch  ½ Salatgurke (200 g)
Vorrat  80 g Thunfisch (in Olivenöl) • 80 g Frischkäse (Doppelrahmstufe)
Gewürze  1 EL Schnittlauch

● Salatgurke der Länge nach halbieren und mit einem Löffel das Kerngehäuse entfernen. Schnittlauch fein hacken.

● Thunfisch, Schnittlauch und Frischkäse miteinander verrühren und kräftig mit **Salz** und **Pfeffer** würzen. Die Gurkenhälften mit der Thunfisch-Creme füllen und snacken oder zum Mitnehmen verpacken.

**Nährwerte je Portion**
390 kcal • 6 g KH • 26 g E • 29 g F

▸ Thunfisch-Boote

# HERZHAFTE SATTMACHER

Ob man eine gewünschte Ernährungsumstellung langfristig beibehält, hängt oft davon ab, wie alltagstauglich sie ist. Muss man nach einem langen Arbeitstag noch ewig durch den Supermarkt hetzen, um irgendwelche Spezialzutaten zu finden, oder braucht es langwierige Vorbereitungen in der Küche, bevor man endlich etwas Anständiges zu essen bekommt, dann wird man die neue Ernährung nicht lange durchhalten.

Deshalb lernen Sie nun echte Low-Carb-Hauptgerichte kennen, die glücklich und satt machen, aber dennoch kaum Aufwand benötigen und natürlich auch dem 3+3+3-Prinzip entsprechen. Also maximal 3 frische Zutaten, 3 Vorratszutaten und 3 Gewürze. Denn der Erfolg von Low Carb hängt auch davon ab, ob wir unseren Körper möglichst konstant mit gutem und gesundem Essen versorgen.

◀ Überbackener Senflachs auf Spinat (Seite 52)

## Überbackener Senflachs auf Spinat

>> Spinat ist ein supergesundes Gemüse, das hervorragend zu Fisch passt. Wenn es gerade frischen Blattspinat gibt, einfach waschen, zerpflücken und in die Pfanne geben; Tiefkühl-Blattspinat bitte vorher auftauen und Wasser ausdrücken.

**Für 2 Personen**
⊙ 10 Min. + 15 Min. Ofenzeit

*Frisch* 450 g Blattspinat • 250 g Lachsfilet (2 Filets à 125 g)
*Vorrat* 70 g Mascarpone • 100 g Frischkäse (Doppelrahmstufe) • 70 g Parmesan, gerieben
*Gewürze* 2 Knoblauchzehen • 30 g Dijon-Senf

● Ofen auf 180 °C Umluft vorheizen. **20 g Butter** in einer Pfanne schmelzen. Gepressten Knoblauch anbraten.

● Spinat dazugeben, kräftig mit **Salz** und **Pfeffer** würzen und etwas einkochen lassen. Mascarpone und 40 g Parmesan dazugeben und eindicken lassen.

● Frischkäse mit Senf verrühren. Spinat in einer Auflaufform verteilen, den Lachs darauflegen und mit der Senfsoße bestreichen, zuletzt mit 30 g Parmesan bestreuen und 15 Min. im Ofen garen.

**Nährwerte je Portion**
770 kcal • 5 g KH • 53 g E • 59 g F

## Chorizo-Shiratakis

>> Muss man bei der Low-Carb-Ernährung auf die geliebte Pasta verzichten? Keinesfalls! Die leckeren Shirataki-Nudeln machen mindestens genauso glücklich wie herkömmliche Nudeln und stecken zudem voller gesunder Ballaststoffe. Nudeln satt – ohne schlechtes Gewissen!

**Für 2 Personen**
⊙ 15 Min.

*Vorrat* 120 g Chorizo-Salami • 400 g Shirataki-Nudeln

● **1 Zwiebel (85 g)** in Würfel und Chorizo-Salami in kleine Scheiben schneiden. Mit **40 g Butter** in einer Pfanne scharf anbraten.

● Shirataki-Nudeln in ein Sieb geben und mit reichlich kaltem Wasser abspülen. Dann mit in die Pfanne geben und anbraten.

● **4 Eier** über die Nudel-Chorizo-Mischung schlagen und gut durchrühren, ca. 3 Min. weiterbraten, bis das Ei leicht gestockt ist. Mit **Salz** und **Pfeffer** würzen und genießen

**Nährwerte je Portion**
580 kcal • 4 g KH • 28 g E • 49 g F

▸ Chorizo-Shiratakis

Herzhafte Sattmacher : Low-Carb-Schnellrezepte 53

Herzhafte Sattmacher : Low-Carb-Schnellrezepte

# Hühnchen-Korma

》 Mein Hühnchen-Korma ist eine schnelle Variante, mit der man sich – dank der vielen intensiven Gewürzaromen – ein Stückchen Indien in die heimischen vier Wände holen kann.

Für 2 Personen
⊘ 20 Min.

*Frisch*  300 g Hühnerbrust • 400 g Blumenkohl
*Vorrat*  200 ml Kokosmilch
*Gewürze*  1 Knoblauchzehe • 2 TL Cumin • 2 TL Curry

● Hühnerbrust in mundgerechte Stücke schneiden. ½ **Zwiebel (40 g)** und Knoblauch fein hacken und mit den Gewürzen, ½ **TL Pfeffer** und Salz vermengen.

● **25 g Butter** in einem Topf zerlassen, die Zwiebelmischung unter Rühren darin anschwitzen, Fleisch und Kokosmilch dazugeben und 10 Min. köcheln lassen.

● Blumenkohl vom Strunk entfernen, fein raspeln und kurz in einer Pfanne rösten, mit **Salz** und **Pfeffer** abschmecken und zum Curry servieren.

**Nährwerte je Portion**
515 kcal • 10 g KH • 42 g E • 31 g F

◀ Hühnchen-Korma

# Parmesan-Champignon-Risotto

》 Eines der Nationalgerichte Italiens und auch in der Low-Carb-Version ein absolutes Highlight. Mit der cremigen Konsistenz und dem vollmundigen Geschmack bleiben keine Wünsche offen.

Für 2 Personen
⊘ 20 Min.

*Frisch*  400 g Blumenkohl • 200 g Champignons
*Vorrat*  200 ml Sahne • 100 g Parmesan
*Gewürze*  2 Knoblauchzehen • ½ TL Rosmarin

● Blumenkohl vom Strunk entfernen und fein raspeln. **1 Zwiebel (85 g)** und Knoblauch fein hacken und mit **30 g Butter** in einer Pfanne anbraten.

● Champignons putzen, entstielen und würfeln. Anschließend mit in die Pfanne geben. Dann den Blumenkohlreis dazugeben und 5 Min. mit anbraten

● Alles mit Sahne und 100 ml Wasser ablöschen und noch etwas köcheln lassen. Parmesan reiben und unterheben. Mit Rosmarin, **Salz** und **Pfeffer** abschmecken, fertig.

**Nährwerte je Portion**
680 kcal • 12 g KH • 29 g E • 56 g F

# Zucchini-Cremesuppe mit krossen Bacon-Chips

›› Cremige Suppen sind an sich ja schon eine ganz wunderbare Sache, doch noch besser schmecken sie mir mit einer kleinen Einlage oder einem besonderen Topping. Zur Zucchinicremesuppe passt ganz hervorragend knuspriger Bacon-Speck. Gut geeignete Einlagen für Gemüsecremesuppen sind auch Garnelen, Stückchen vom Räucherlachs oder Chorizo-Salami-Würfel. Oder Sie veredeln die Suppe mit einem Sahnehäubchen und gerösteten Pinienkernen.

**Für 2 Personen**
⊘ 20 Min.

**Frisch** 500 g Zucchini
**Vorrat** 200 ml Sahne • 75 g Parmesan • 2 Scheiben Bacon-Speck
**Gewürze** 1 Knoblauchzehe

- ½ **Zwiebel (40 g)** und Knoblauchzehe schälen und fein hacken. Zucchini waschen, putzen und in Würfel schneiden.

- 15 ml **Olivenöl** in einem Topf erhitzen und das Gemüse unter Rühren darin anbraten. Das Ganze anschließend mit Sahne ablöschen und dann rund 15 Min. köcheln lassen.

- Währenddessen den Bacon-Speck in mundgerechte Stücke schneiden und den Parmesan reiben. Bacon-Speck in einer separaten Pfanne kross ausbraten.

- Den Parmesan in die Suppe geben und schmelzen lassen; anschließend die Suppe mit einem Pürierstab direkt im Topf pürieren und nach Belieben mit **Salz** und **Pfeffer** abschmecken.

- Die Suppe in eine Schüssel geben und mit den Bacon-Speck-Stücken toppen und gleich servieren.

**Nährwerte je Portion**
575 kcal • 9 g KH • 22 g E • 49 g F

# FREUNDE ZU GAST

Ich liebe es, Freunde zu bekochen. Wir sitzen zusammen an einer langen Tafel, essen, erzählen, lachen und haben Spaß. Die Stimmung an solchen Abenden ist ganz besonders.

Der einzige Haken an der Sache: Die Köchin kann sich erst dann in Ruhe dazugesellen, wenn auch der Letzte den Dessertlöffel zufrieden beiseitegelegt hat – es sei denn, dann kommen schon die ersten Wünsche nach einem Espresso auf …

Vermutlich kennen Sie diese Zwickmühle auch: Die Gastgeberin ist in den ersten Stunden meist so mit dem Zubereiten und Servieren der Speisen beschäftigt, dass sie die Gäste nur kurz zu Gesicht bekommt und kaum Zeit für einen Plausch findet. Schnell essen und dann schon die nächsten Handgriffe in der Küche angehen.

Auf den nächsten Seiten finden Sie daher ein echtes Verwöhnprogramm für Ihre Gäste, das sich sehr gut vorbereiten und in maximal 25 Min. frisch zubereiten lässt. Low Carb auf die Schnelle eben! Da bleibt genügend Zeit, den Augenblick zu genießen!

◂ Burger mit Zucchini-Pommes und Chili-Dip (Seite 64)

# Burger mit Zucchini-Pommes und Chili-Dip

» Bei diesem Low-Carb-Burger gibt es statt pappiger Brötchenhälften würzige Champignons. Anstelle von labberigen Pommes können Sie sich auf Zucchinisticks in Kräuter-Parmesan-Kruste freuen. Ihre Gäste werden staunen, wie lecker und gesund Fast Food sein kann, wenn es in der Low-Carb-Version daherkommt.

Für 2 Personen
⊘ 25 Min.

Frisch  500 g Zucchini • 360 g Hackfleisch • 4 große Champignons (ca. 240 g)
Vorrat  30 g Parmesan, gerieben • 40 g Cheddar (2 Scheiben) • 40 g Frischkäse (Doppelrahmstufe)
Gewürze  ¼ TL Chipotle-Chilipulver

● Ofen auf 200 °C Umluft vorheizen. Zucchini der Länge nach vierteln und die Sticks mittig halbieren. Parmesan mit je ¼ TL Pfeffer, Rosmarin, Thymian und Salz vermischen.

● Zucchini-Pommes auf einem Backblech mit Backpapier verteilen, mit 1 EL Olivenöl einpinseln, mit der Parmesan-Mischung bestreuen und bei 200 °C Umluft 15 Min. backen.

● Hackfleisch mit ½ TL Pfeffer und ¼ TL Salz würzen und 2 Frikadellen daraus formen. Champignons entstielen. Burger und Pilze in 15 g Butter anbraten.

● Nach 5 Min. die Burger wenden und die Cheddar-Scheiben darauflegen und weitere 10 Min. braten.

● Währenddessen 40 g Mayonnaise mit Frischkäse, etwas Wasser, ¼ TL Salz und Chili verrühren. ½ Zwiebel (40 g) in Halbringe schneiden.

● Für den Burger einen Champignon, Frikadelle mit Käse, Zwiebeln schichten und darauf wieder einen Champignon legen. Bei Bedarf mit einem Holzspieß fixieren und dazu die Zucchini-Pommes und den Dip servieren.

Nährwerte je Portion
880 kcal • 10 g KH • 52 g E • 70 g F

# Lachsfilet mit Avocado-Salsa auf Zucchini-Beet

≫ Avocados sind nicht nur die Grundzutat für eine leckere grüne Salsa, sondern passen auch super zu Salat und sogar zu Süßspeisen, wie Sie später sehen werden. Mit nur 0,4 g KH je 100 g sind es ideale Low-Carb-Früchte, die sehr viele gute Fette enthalten. Die Avocados sollten zur Verarbeitung schön reif sein: Die Frucht lässt sich mit dem Daumen eindrücken, weist aber keine dunklen Flecken auf.

**Für 2 Personen**
⊘ 20 Min.

**Frisch** 250 g Lachsfilet (2 Filets à 125 g) • 500 g Zucchini • 1 kleine Avocado (150 g)
**Gewürze** ¼ TL Chipotle-Chilipulver • 1 Knoblauchzehe • 2 Limetten, Saft

● In einer Schale **1 EL Olivenöl**, **¼ TL Salz**, **¼ TL Pfeffer** und Chili vermengen, die Lachsfilets mit der Marinade bestreichen und beiseitestellen.

● Zucchini waschen, trocken tupfen und in Scheiben schneiden. Knoblauch pressen und in einer kleinen Schale mit **1 EL Olivenöl**, Saft von 1 Limette und **etwas Salz** vermengen.

● Zucchinischeiben in eine Pfanne geben, mit der Marinade bestreichen und anbraten.

● In einer weiteren Pfanne den marinierten Lachs anbraten.

● Währenddessen für die Salsa ½ **Zwiebel (40 g)** und die Avocado würfeln und mit dem Saft von 1 Limette und **¼ TL Salz** verrühren.

● Zum Servieren die Zucchinischeiben auf 2 Teller verteilen, jeweils ein Lachfilet darauflegen und mit der Avocado-Salsa krönen.

**Nährwerte je Portion**
445 kcal • 8 g KH • 36 g E • 41 g F

## Fajita-Tacos

》 Der Clou dieses Rezepts: die selbst gemachten Taco-Schalen aus krossem Cheddar-Käse.

**Für 2 Personen**
◎ 25 Min.

**Frisch** 2 grüne Paprika (200 g) • 350 g Hackfleisch
**Vorrat** 250 g Cheddar, gerieben
**Gewürze** 1 Knoblauchzehe • 15 g Dijon-Senf • ½ TL Chipotle-Chilipulver

● Ofen auf 180 °C Umluft vorheizen. Ein Backblech mit Backpapier auslegen, Cheddar in 6 gleich großen Kreisen daraufstreuen und 8 Min. backen, bis die Käse-Tacos braun und knusprig werden.

● 30 g Butter in einer Pfanne schmelzen, 1 Zwiebel (85 g) und Paprika in Streifen schneiden und in der Pfanne anbraten. Hackfleisch dazugeben und mit gepresstem Knoblauch, Senf, Chili, **Salz** und **Pfeffer** würzen.

● Noch warme Käse-Tacos so biegen, dass Schalen entstehen, auskühlen lassen. Taco-Schalen mit dem Hackfleisch füllen und servieren.

**Nährwerte je Portion**
995 kcal • 5 g KH • 70 g E • 77 g F

## Bacon-Involtini auf Paprika-Ratatouille

》 Involtini sind ein klassisches Hauptgericht in der sizilianischen Küche. Hier meine High-Speed-Low-Carb-Version für Ihre Gäste.

**Für 2 Personen**
◎ 25 Min.

**Frisch** 300 g Hühnchenbrust • 3 grüne Paprika (300 g)
**Vorrat** 200 g Frischkäse (Doppelrahmstufe) • 40 g Bacon-Speck • 100 g Parmesan
**Gewürze** 1 EL Schnittlauch, gehackt • ½ TL Rosmarin • ½ TL Thymian

● Hühnerbrust mittig längs aufschneiden und etwas flach klopfen. Frischkäse mit Schnittlauch, **Salz** und **Pfeffer** vermischen. Hühnerbrüste mit der Füllung einstreichen und einrollen, dann mit Bacon-Speck fest einwickeln.

● Involtini mit **2 EL Olivenöl** in die Pfanne geben und 15 Min. braten. Währenddessen Paprika in dünne Streifen schneiden und mit in die Pfanne geben, mit Rosmarin, Thymian, **Salz** und **Pfeffer** würzen. Parmesan darüberreiben.

**Nährwerte je Portion**
775 kcal • 9 g KH • 65 g E • 52 g F

❯❯ Fajita Tacos

Freunde zu Gast : Low-Carb-Schnellrezepte 67

## Rosmarin-Hühnchen mit Blumenkohlpüree

》 Rosmarin und Zitrone geben dem Fleisch einen unvergleichlichen Geschmack. Im Ofen gegart wird das Fleisch schön saftig.

Für 2 Personen
⊘ 25 Min.

Frisch  400 g Hühnerbrust • 200 g Blumenkohl
Vorrat  150 g Frischkäse (Doppelrahmstufe)
Gewürze  1 kleine Zitrone • 3 Knoblauchzehen • 1 TL Rosmarin

● Ofen auf 175 °C Umluft vorheizen. Hühnerbrust in eine Auflaufform legen. Zitrone waschen, mit der Schale in Scheiben schneiden und auf das Fleisch legen. Knoblauch in Scheiben schneiden und in der Auflaufform verteilen.

● Rosmarin, **Salz** und **Pfeffer** mit **75 ml Olivenöl** verrühren und über das Hühnchen träufeln. Nun 20 Min. bei 175 °C Umluft im Ofen garen.

● Etwas Wasser im Topf zum Kochen bringen und Blumenkohlröschen 10 Min. garen, Wasser abgießen und Blumenkohl mit dem Frischkäse und **1 Prise Salz** pürieren.

Nährwerte je Portion
770 kcal • 6 g KH • 53 g E • 56 g F

## Cheeseburger-Pfanne

》 Ein Pfannengericht, das auch nach einem langen, anstrengenden Tag mühelos gelingt, mit wenig auskommt und dennoch vollen Geschmack bietet.

Für 2 Personen
⊘ 20 Min.

Frisch  350 g Hackfleisch • 350 g Blumenkohl
Vorrat  150 g Cheddar
Gewürze  30 g Dijon-Senf

● **30 g Butter** in einer Pfanne schmelzen. Blumenkohl in mundgerechte Röschen teilen und in die Pfanne geben.

● **1 Zwiebel (85 g)** in Halbringe schneiden und mit dem Hackfleisch in die Pfanne dazugeben und scharf anbraten. Cheddar reiben und hinzugeben. Mit Senf, **Salz** und **Pfeffer** würzen.

● Wenn der Blumenkohl gar ist, auf 2 Tellern servieren.

Nährwerte je Portion
900 kcal • 7 g KH • 59 g E • 70 g F

Freunde zu Gast : Low-Carb-Schnellrezepte

## Fleischbällchen mit Tzatziki-Creme

>> Dieses einfache griechische Gericht ist fix gemacht und passt zu jedem Anlass: als Fingerfood bei einer Party, fürs kalte Buffet oder als Vorspeise für Ihre Gäste.

**Für 2 Personen**
⊘ 20 Min.

**Frisch**  400 g Hackfleisch • 1 Salatgurke
**Vorrat**  300 g Frischkäse (Doppelrahmstufe)
**Gewürze**  5 Knoblauchzehen • ½ TL Rosmarin • ½ TL Thymian

● **½ Zwiebel (40 g)** und 3 Knoblauchzehen hacken und mit Hackfleisch, Rosmarin, Thymian, **½ TL Salz** und **½ TL Pfeffer** vermischen. Bällchen formen und in einer Pfanne mit **2 EL Olivenöl** braten.

● Währenddessen ½ Gurke reiben und zusammen mit dem Gurkensaft und dem Frischkäse glatt rühren. 2 Knoblauchzehen in die Creme pressen und mit **Salz** und **Pfeffer** würzen. Bei Bedarf noch etwas Wasser unterrühren.

● Die andere Hälfte der Gurke in kleine Würfel schneiden. Fleischbällchen und Gurkenwürfel mit der Tzatziki-Creme servieren.

**Nährwerte je Portion**
850 kcal • 9 g KH • 52 g E • 68 g F

## Schwedische Fleischklopse mit Pü

>> Nicht nur bei Schwedenfans ein beliebtes Essen: ein Topf Püree und eine Pfanne mit Hackbällchen in würziger Soße. Das macht satt und glücklich!

**Für 2 Personen**
⊘ 25 Min.

**Frisch**  200 g Blumenkohl • 300 g Hackfleisch • 500 g Champignons
**Vorrat**  250 g Frischkäse (Doppelrahmstufe)
**Gewürze**  1 EL Schnittlauch, gehackt • 1 TL Dijon-Senf

● Blumenkohlröschen 10 Min. in wenig Wasser garen.

● Hackfleisch mit Schnittlauch, **1 TL Pfeffer, Salz** und Senf vermischen, Bällchen formen und in **35 g Butter** scharf anbraten.

● **½ Zwiebel (40 g)** und die Champignons in Scheiben schneiden, mit anbraten. 150 g Frischkäse dazugeben, bei mittlerer Hitze 5 Min. köcheln lassen und Soße mit **Salz** und **Pfeffer** abschmecken.

● Blumenkohl abgießen und mit dem restlichen Frischkäse und **Salz** pürieren.

**Nährwerte je Portion**
820 kcal • 10 g KH • 47 g E • 63 g F

# Lachsburger auf warmem Gurkensalat

≫ Dieser Lachsburger ist keine bloße Alternative zu klassischen Burgervarianten. Mit seinen zitronigen, frischen Aromen sollte er bei keinem Burgerabend fehlen. Achten Sie darauf, die Burgermischung wirklich sehr gut zu vermengen; mit einem Pürierstab geht das am besten, denn je feiner die Mischung, desto besser hält das Patty zusammen. Wenn Sie TK-Lachs verwenden, bitte zum Auftauen rechtzeitig aus dem Tiefkühler holen.

**Für 2 Personen**
⊘ 25 Min.

**Frisch**  350 g Lachsfilet • 2 Salatgurken (800 g)
**Vorrat**  10 g Kokosmehl • 15 g Mayonnaise • 200 g Frischkäse (Doppelrahmstufe)
**Gewürze**  2 EL Schnittlauch • ½ Limette, Saft • 15 g Dijon-Senf

- **½ Zwiebel (40 g)** und Schnittlauch fein hacken. Um die Masse für die Lachsburger herzustellen, Lachs etwas zerkleinern und mit den Zwiebeln, der Hälfte des Schnittlauchs, Kokosmehl, Limettensaft, Mayonnaise und Senf pürieren und mit **Salz** und **Pfeffer** würzen.

- Gurken schälen, halbieren und Kerne ausschaben. Danach in Scheiben schneiden und in einer Pfanne mit dem restlichen Schnittlauch und dem Frischkäse anbraten und mit **Salz** und etwas **Pfeffer** würzen.

- Währenddessen die Lachs-Mischung in 6 gleichgroße Burger-Pattys formen und von beiden Seiten kross in **1 EL Butter** anbraten.

- Gurkengemüse auf 2 Teller verteilen, dabei etwas Soße in der Pfanne lassen. Je drei Lachsburger auf den Gurkensalat geben und mit der restlichen Soße beträufeln.

**Nährwerte je Portion**
750 kcal • 10 g KH • 49 g E • 57 g F

# Hühnchen-Spinat-Ravioli in Sahnesoße

» Low-Carb-Ravioli lassen sich mit dem richtigen Kniff relativ einfach selbst machen. Die vielseitige Zucchini ersetzt dabei die Teigtasche. Mein Tipp: Probieren Sie die Herstellung der Ravioli einmal aus, bevor Sie damit vor Ihren Gästen glänzen wollen.

Für 2 Personen
⊘ 25 Min.

Frisch 170 g TK-Blattspinat • 250 g Hühnchenbrust • 400 g Zucchini • 2 Eigelbe
Vorrat 75 g Mascarpone • 45 g Chorizo-Salami • 250 ml Sahne
Gewürze 1 Knoblauchzehe

● Spinat auftauen und das überschüssiges Wasser abseihen. Chorizo-Salami, **1 Zwiebel (85 g)** und Knoblauch würfeln und die Hälfte der Mischung in **10 g Butter** anbraten.

● Hühnchenfleisch in kleine Stücke schneiden und mit in die Pfanne geben. Anschließend Spinat, Mascarpone und die Hähnchenpfanne mit dem Pürierstab zu einer homogenen Masse mixen. Mit **Salz** und **Pfeffer** würzen.

● Zucchini mit einem Sparschäler in lange breite Streifen schneiden. Je 2 Zucchini-Streifen kreuzweise übereinanderlegen und in die Mitte 1 gehäuften Esslöffel der Füllung geben und die Streifen so darüberklappen, dass Ravioli entstehen.

● **10 g Butter** in einer großen Pfanne schmelzen und die Ravioli darin anbraten.

● In einem kleinen Topf die andere Hälfte der Zwiebel-Salami-Mischung in **10 g Butter** dünsten. Mit der Sahne ablöschen und aufkochen lassen. Zuletzt **Eigelbe** unterrühren und die Soße zu den Ravioli servieren.

### Nährwerte je Portion
980 kcal • 13 g KH • 47 g E • 80 g F

# COUCH-FOOD

Sie haben sich für die gesunde Low-Carb-Ernährung entschieden – vermutlich auch, um die schlanke Linie zu erhalten bzw. wiederherzustellen. Das bedeutet aber nicht, dass Sie jeden Abend ein Mega-Sportprogramm abspulen müssen und es überhaupt nicht mehr gemütlich sein darf! Nein, ich mag es, den Feierabend auch mal auf meinem Sofa zu verbringen oder mich an einem verregneten Sonntagnachmittag mit einem spannenden Buch auf den Sessel zu lümmeln. Bei mir gehören dann auch immer Leckereien dazu; am liebsten Fingerfood zum Knabbern oder Dippen. So lässt sich der Moment doch noch viel mehr genießen, oder?

Auf den nächsten Seiten finden Sie Ideen für pikantes Couch-Food, das sich einfach und schnell zubereiten lässt – als Snack oder als vollwertige Mahlzeit. So haben Sie mehr Zeit, um die Seele baumeln zu lassen. Steht Ihnen der Sinn mehr nach süßen Köstlichkeiten, blättern Sie etwas weiter – bei den Sweets werden Sie garantiert fündig.

◂ Guacamole mit Käsecrackern (Seite 76)

## Guacamole mit Käsecrackern

>> Mein Stimmungsaufheller für graue Tage: Avocado-Creme mit knusprigen Käsecrackern, da verfliegt die schlechte Laune sofort!

Für 2 Personen
⏱ 20 Min.

**Frisch** 1 Salatgurke • 2 reife Avocados
**Vorrat** 100 g Cheddar • 50g Parmesan
**Gewürze** ½ Limette, Saft • 2–3 Knoblauchzehen • 1 TL Chipotle-Chilipulver

● Ofen auf 200 °C Umluft vorheizen. Cheddar und Parmesan reiben und gleichmäßig auf einem mit Backpapier ausgelegten Backblech verteilen; mit ½ **TL Salz**, ½ **TL Pfeffer** und ½ TL Chili würzen. Für 8–10 Min. bei 200 °C backen, aus dem Ofen nehmen und sofort mit einem Pizza-Schneider in Dreiecke schneiden.

● Salatgurke in Sticks schneiden. Avocados aus der Schale löffeln und mit einer Gabel zerdrücken. Knoblauch pressen und zur Avocado geben. Limettensaft, **20 ml Olivenöl**, **Salz**, **Pfeffer** und ½ TL Chili mit der Avocado-Creme verrühren. Guacamole zusammen mit den Gurkensticks und den Crackern genießen.

**Nährwerte je Portion**
845 kcal • 6 g KH • 26 g E • 80 g F

## Parmesan-Nuggets

>> Ein Finger-Food-Klassiker. Saftiges Hühnchenfleisch, von Käse ummantelt, mit Gurkensticks und Knoblauch-Dip.

Für 2 Personen
⏱ 25 Min.

**Frisch** 400 g Hühnchenbrust • 1 Salatgurke
**Vorrat** 40 g Parmesan, gerieben • 150 g Frischkäse (Doppelrahmstufe)
**Gewürze** 1 TL Rosmarin • ½ TL Cumin • 2 Knoblauchzehen

● Ofen auf 200 °C Umluft vorheizen. Hühnchenbrust in Stücke schneiden und auf einem Backblech verteilen. Eine Knoblauchzehe pressen, mit Cumin und Rosmarin vermischen und auf den Nuggets verteilen. 20 Min. im Ofen backen.

● Die andere Knoblauchzehe pressen, und mit **30 g Mayonnaise**, Frischkäse und 40 ml Wasser mixen. Gurke in Gemüsesticks zum Dippen schneiden.

● Die Nuggets mit dem Parmesan in einen Beutel geben und kräftig schütteln. Gurkensticks, Nuggets und Dip anrichten – und hopp auf die Couch!

**Nährwerte je Portion**
740 kcal • 6 g KH • 73 g E • 45 g F

Couch-Food : Low-Carb-Schnellrezepte

## Warmer Bacon-Dip mit Gemüsesticks

>> Für dieses schnelle Couch-Food habe ich meine beiden Get-happy-Zutaten kombiniert: überbackenen Käse mit meinem geliebten Bacon-Speck.

Für 2 Personen
⊙ 20 Min.

Frisch  250 g grüne Paprika • 250 g Salatgurke
Vorrat  200 g Frischkäse (Doppelrahmstufe) • 120 g Cheddar • 50 g Bacon-Speck
Gewürze  1 EL Schnittlauch

● Ofen auf 200 °C Umluft vorheizen. Schnittlauch hacken, Cheddar reiben, Bacon-Speck würfeln und alles zusammen mit dem Frischkäse in einer Schüssel verrühren und mit **Salz** und **Pfeffer** würzen.

● Die Käsecreme in 2 kleine Auflaufformen füllen und bei 200 °C Umluft für 15 Min. backen. Währenddessen Paprika und Gurke waschen, trocken tupfen und in Gemüsesticks schneiden. Schon fertig! Mit dem noch warmen Dip und den Sticks gemütlich machen und genussvoll knabbern und dippen.

Nährwerte je Portion
600 kcal • 10 g KH • 18 g E • 48 g F

## Shirataki 'n' Cheese

>> Da werden Kindheitserinnerungen wach! Makkaroni mit Käsesahnesoße sind einfach wunderbar. Probieren Sie unbedingt diese Low-Carb-Version!

Für 2 Personen
⊙ 15 Min.

Vorrat  2 Packungen Shirataki-Nudeln (insgesamt 400 g) • 100 g Sahne • 200 g Cheddar, gerieben
Gewürze  1 Knoblauchzehe

● Shirataki-Nudeln gut mit kaltem Wasser abspülen und abtropfen lassen. **50 g Butter** in einer Pfanne schmelzen und die Shiratakis darin anbraten.

● ½ **Zwiebel (40 g)** und Knoblauch würfeln und 3 Min. in der Pfanne mit anbraten. Dann die Shiratakis aus der Pfanne nehmen und beiseitestellen.

● Sahne, Cheddar und **1 Eigelb** in die Pfanne geben, mit ½ **TL Salz** und ½ **TL Pfeffer** würzen, aufkochen lassen und pürieren. Die Nudeln wieder in die Soße geben und weitere 5 Min. köcheln lassen, dann auf 2 Teller verteilen: Das Pastavergnügen kann beginnen!

Nährwerte je Portion
780 kcal • 3 g KH • 30 g E • 71 g F

## Gefüllte Pizza-Waffel

» Herkömmliche Pizza, Pasta & Co. stehen bei Low Carb nicht mehr auf dem Plan. Hier meine Variante für eine leckere Low-Carb-Pizza-Waffel.

Für 1 Person
⊘ 5 Min.

Frisch ¼ Paprika (20 g) • 50 g Blumenkohl
Vorrat 20 g Chorizo-Salami • 75 g Mozzarella, gerieben • 20 g Parmesan, gerieben

● Chorizo und ¼ **Zwiebel (20 g)** in dünne Scheiben schneiden. Paprika würfeln. Waffeleisen aufheizen.

● Für den Teig Blumenkohl, 55 g Mozzarella, Parmesan, ½ TL **Flohsamenschalenpulver (3 g)** und **1 Ei** zusammen in den Mixer geben und mixen, bis ein homogener Teig entsteht.

● Wenn das Waffeleisen heiß ist, die Hälfte des Teiges einfüllen, dann mit Chorizo, Zwiebel, Paprika und 20 g geriebenem Mozzarella belegen und den restlichen Teig darauf verteilen. Mit **Salz** und **Pfeffer** würzen. Waffel ausbacken und warm servieren.

Nährwerte je Portion
480 kcal • 5 g KH • 38 g E • 28 g F

## Chorizo-Chili con Carne

» Chili con Carne wird zum Low-Carb-Gericht, sofern Sie die dicken Bohnen weglassen; deren Rolle übernimmt die vielseitige Avocado. Die Chorizo-Salami peppt das Chili auf und verleiht ihm eine besonders würzige Note.

Für 2 Personen
⊘ 25 Min.

Frisch 200 g Hackfleisch • 1 Avocado
Vorrat 150 g Chorizo-Salami • 100 g Cheddar
Gewürze 2 Knoblauchzehe • ½ TL Cumin • 1 TL Chipotle-Chilipulver

● In einer Pfanne Hackfleisch mit **15 g Kokosöl** anbraten. Währenddessen Chorizo-Salami, **1 Zwiebel (85 g)** und Knoblauch in Scheiben schneiden und in der Pfanne mit anbraten.

● Den Pfanneninhalt mit ½ **TL Salz**, ½ **TL Pfeffer**, Cumin und Chili würzen. Die Avocado mit 200 ml Wasser im Mixer zu Mus zerkleinern und unter das Chili rühren. Weitere 10 Min. einkochen lassen, in 2 tiefe Teller füllen und den Cheddar darüberreiben.

Nährwerte je Portion
1000 kcal • 5 g KH • 51 g E • 86 g F

●▸ Gefüllte Pizza-Waffel

Couch-Food : Low-Carb-Schnellrezepte

Couch-Food : Low-Carb-Schnellrezepte

## Regenbogen-Hühnchenspieße mit Dip

» Gemüse und Fleisch am Spieß mit lecker gefüllten Ofen-Champignons dazu.

**Für 2 Personen**
⊙ 20 Min.

**Frisch** 400 g große Champignons • 200 g Paprika • 400 g Hühnchenbrust
**Vorrat** 200 g Frischkäse (Doppelrahmstufe) • 50 g Parmesan • 1 TL Dijon-Senf
**Gewürze** 1 TL Thymian • 1¼ TL Chipotle-Chilipulver

● Ofen auf 200 °C Umluft vorheizen. 100 g Frischkäse, Parmesan, Senf und je **1 Prise Salz** und **Pfeffer** miteinander verrühren, in die entstielten Champignons füllen und diese auf ein Backblech legen.

● Paprika, **1 Zwiebel (85 g)** und Hühnchen in Stücke schneiden, abwechselnd aufspießen und auf das Backblech legen. **2 EL Olivenöl**, Thymian, ½ TL Salz, ½ TL Pfeffer und 1 TL Chili vermischen und die Spieße damit bestreichen.

● Champignons und Spieße 15 Min. im Ofen garen. Für den Dip **40 g Mayonnaise** mit 100 g Frischkäse, 1 EL Wasser, ¼ TL Salz und ¼ TL Chili verrühren.

**Nährwerte je Portion**
895 kcal • 11 g KH • 67 g E • 63 g F

◂ Regenbogen-Hühnchenspieße

## Tuna-Zucchini-Schiffe

» Die Schiffe schmecken lecker würzig und sind heiß, aber auch kalt ein Genuss! Sie können durch verschiedene Gewürze immer wieder neue Varianten kreieren: mit Curry, Rosmarin und Thymian oder Chili.

**Für 2 Personen**
⊙ 10 Min. + 15 Min. Ofenzeit

**Frisch** 750 g Zucchini
**Vorrat** 1 Dose Thunfisch in Olivenöl (185 g) • 100 g Parmesan • 150 g Frischkäse (Doppelrahmstufe)
**Gewürze** ½ Limette, Saft • 2 EL Schnittlauch

● Ofen auf 200 °C Umluft vorheizen. Zucchini halbieren, die Kerne auskratzen und ausgehöhlte Zucchini auf ein Backblech geben.

● Parmesan reiben. **1 Zwiebel (85 g)** und Schnittlauch hacken und mit dem Thunfisch mit Öl, Frischkäse und der Hälfte des Parmesans vermischen.

● Kräftig mit **Salz, Pfeffer** und dem Saft einer ½ Limette würzen. Die Thunfischmischung auf die Zucchinihälften verteilen und mit dem restlichen Parmesan bestreuen. 15 Min. auf 200 °C Umluft überbacken.

**Nährwerte je Portion**
840 kcal • 14 g KH • 46 g E • 67 g F

# SWEETS

Desserts, Süßigkeiten ... für mich der Inbegriff der Essensfreude. Natürlich soll man sich ausgewogen ernähren und auf ein gesundes Verhältnis der Nährstoffe achten. Aber wer hat denn gesagt, dass das mit Desserts nicht auch geht?

Ich möchte auf den folgenden Seiten ein paar meiner Lieblingssünden (ohne Reue) vorstellen. Während einige Süßspeisen eher vollmundig mit viel Schokolade locken, haben andere eine eher frische Note nach Beeren oder Zitrusaromen. So oder so wird es auch auf dem Dessertteller nicht langweilig.

Natürlich sind die Rezepte wiederum easy in wenigen Schritten und in kürzester Zeit zuzubereiten. So bleibt mehr Zeit zum Genießen!

◆ Pancake-Tiramisu (Seite 84)

## Pancake-Tiramisu

》 Ein Dessert-Highlight! Statt Löffelbiskuits verwende ich selbst gemachte Mandel-Pancake-Stückchen; an Mascarpone und Sahne muss nicht gespart werden!

**Für 4 Personen**
◷ 20 Min.

**Vorrat**  40 g blanchierte, gemahlene Mandeln • 140 g Mascarpone • 140 g Sahne
**Gewürze**  1 EL Kakaopulver

● **2 Eier**, gemahlene Mandeln, **20 g Xylit** und **½ TL Backpulver** 30 Sek. mixen und den Teig 3–5 Min. stehen lassen.

● In einer Pfanne **1 EL Butter** erhitzen, 3 Teigklecks hineingeben, sodass 3 kleine Pancakes (ca. 6 cm Durchmesser) entstehen und beidseitig ausbacken; mit dem restlichen Teig wiederholen. Fertige Pancakes auskühlen lassen.

● Sahne steif schlagen. **2 Eigelbe** mit **45 g Xylit** verquirlen, Mascarpone hinzugeben und weiterrühren, zuletzt die Sahne vorsichtig unterheben.

● Pancakes zerteilen und im Wechsel mit der Creme in 4 Dessert-Gläsern schichten. Mit Kakao bestäuben.

**Nährwerte je Portion**
450 kcal • 4 g KH • 9 g E • 40 g F

## Heidelbeereis

》 Die schnelle Erfrischung für warme Sommertage ... oder wenn die Seele einfach ein leckeres Eis verlangt! Genauso lecker mit TK-Himbeeren oder -Erdbeeren.

**Für 2 Personen**
◷ 10 Min.

**Frisch**  120 g TK-Heidelbeeren
**Vorrat**  120 g Mascarpone
**Gewürze**  1 Prise Vanille

● Heidelbeeren (unaufgetaut), Mascarpone, **60 g Xylit**, **2 Eigelbe** und Vanille in einen starken Standmixer geben und mixen.

● Entweder sofort servieren oder im Gefrierfach bis zum Servieren lagern.

**Nährwerte je Portion**
390 kcal • 7 g KH • 6 g E • 32 g F

❖ Heidelbeereis

## Schoko-Mousse

>> Die super-schnelle Schoko-Mousse, wenn Sie spontan die Lust auf etwas Süßes packt – oder unerwartet Besuch vor der Tür steht (dann die Menge entsprechend anpassen). Schnell und einfach gelingt Ihnen dieser Schokoladentraum innerhalb weniger Minuten!

**Für 1 Person**
⊘ 10 Min.

**Vorrat** 40 g Sahne
**Gewürze** 15 g Kakao

● **20 g Butter, 15 g Xylit** und Kakao in einem Topf etwas erwärmen, damit sich alles gut zu einer homogenen Schokomasse verrühren lässt.

● Sahne steif schlagen und die Schokomasse vorsichtig unterheben; entweder gleich servieren oder – wenn Sie mögen – noch etwas kühl stellen. Dann Löffel für Löffel genießen.

**Nährwerte je Portion**
350 kcal • 3 g KH • 4 g E • 32 g F

## Vanille-Kokos-Bällchen

>> Gebackenes kleines Glück. Die Bällchen können auch wunderbar als süße Auszeit unterwegs dienen, denn sie lassen sich leicht transportieren.

**Für 2 Personen (24 Bällchen)**
⊘ 10 Min. + 15 Min. Backzeit

**Vorrat** 80 g Kokosmehl
**Gewürze** 2 Prisen Vanille

● Ofen auf 175 °C Umluft vorheizen. **100 g Xylit, 2 Eier, 110 g Butter**, Kokosmehl und 1 Prise Vanille miteinander verquirlen.

● 24 Bällchen rollen und auf ein mit Backpapier ausgelegtes Backblech legen. Bei 175 °C Umluft 15 Min. backen.

● **20 g Xylit** mit 1 Prise Vanille vermischen und mit dem Mixer zu Puderzucker vermahlen. Die Bällchen darin wälzen.

**Nährwerte je Portion**
720 kcal • 2 g KH • 16 g E • 57 g F

◂ Schoko-Mousse

## Muffins mit Zitronenguss

›› Die kleinen Kuchen stellen eine ideale süße Auszeit bei wärmeren Temperaturen dar – mit dem Zitronenguss schmecken die Muffins sommerlich-erfrischend.

**Für 12 Muffins**
◷ 25 Min.

**Vorrat** 90 g Kokosmehl • 90 g blanchierte, gemahlene Mandeln • 30 ml Sahne
**Gewürze** 2 Zitronen • 1 Prise Vanille

● Den Ofen auf 180 °C Umluft vorheizen, Muffinblech mit Förmchen auslegen. Zitronenschale abreiben und in eine Schüssel geben.

● **7 Eier**, Kokosmehl, gemahlene Mandeln, **90 g Butter**, **150 g Xylit**, **1 TL Backpulver** und optional Vanille dazugeben und gut verquirlen.

● Den Teig auf die 12 Förmchen aufteilen und 20 Min. bei 180 °C Umluft backen. Dann aus dem Ofen nehmen und etwas abkühlen lassen.

● **100 g Xylit** im Mixer zu Puderxylit fein mahlen und mit 30 ml Sahne und 40 ml Zitronensaft vermischen. Über die Muffins geben und erhärten lassen.

**Nährwerte je Portion**
200 kcal • 1 g KH • 7 g E • 14 g F

## Heidelbeer-Baiser-Creme

›› Karamellisiertes Baiser über Heidelbeercreme … ein Erlebnis für die Augen und den Gaumen. Wer es sich zutraut, kann die Creme auch direkt am Tisch vor den Augen der Gäste flambieren – ein echter Hingucker!

**Für 2 Personen**
◷ 15 Min.

**Frisch** 80 g Heidelbeeren
**Vorrat** 100 g Mascarpone • 70 g Sahne

● Heidelbeeren, **30 g Xylit** und Mascarpone mit dem Pürierstab zu Creme pürieren. Sahne steif schlagen und unter die Heidelbeercreme heben.

● Nun **1 Eiweiß** (Eiklar) und **1 Prise Salz** mit dem Quirl steif schlagen. Während des Rührens **30 g Xylit** in den Eischnee rieseln lassen und weiterrühren, bis der Eischnee fest wird und schön glänzt.

● Die Baisermasse nun auf die Heidelbeercreme geben und mit einem Küchengasbrenner vor dem Servieren abflämmen.

**Nährwerte je Portion**
410 kcal • 6 g KH • 5 g E • 32 g F

›› Muffins mit Zitronenguss

## Zitronen-Creme-Dessert

» Erfrischend, mit einer herben Note von der Zitronenschale, einem säuerlichen Aroma durch den Zitronensaft und einer einmalig cremigen Konsistenz. Es braucht nur wenige Zutaten, um perfekten Genuss zu ermöglichen.

Für 2 Personen
⊘ 15 Min.

Vorrat  75 g Mascarpone • 100 ml Sahne
Gewürze  1 kleine Zitrone

● Die Schale einer Zitrone abreiben und in einen Topf geben. Die Zitrone auspressen und den Saft durch ein Sieb zum Zitronenabrieb geben.

● **30 g Xylit** und **2 Eigelbe** hinzufügen und unter Rühren aufkochen lassen, bis eine cremige Masse entsteht.

● Währenddessen die Sahne steif schlagen und beiseitestellen. In einer anderen Schüssel die Mascarpone cremig rühren und die Zitronencreme unterrühren. Kurz vor dem Anrichten die steif geschlagene Sahne unterheben und in 2 Dessertgläser füllen.

**Nährwerte je Portion**
380 kcal • 4 g KH • 5 g E • 34 g F

## Mexiko-Mousse-au-Chocolat

» Vollmundig, cremig und zart schmelzend im Mund entfaltet die Mousse einen intensiven Geschmack nach Schokolade. Verfeinert durch einen Hauch Chili und – wie versprochen – hat auch die Avocado hier wieder ihren Auftritt.

Für 2 Personen
⊘ 10 Min.

Frisch  150 g Avocado
Vorrat  75 ml Sahne (oder Kokosmilch)
Gewürze  30 g Kakao • 1 Prise Zimt • 1 Prise Chipotle-Chilipulver

● Sahne steif schlagen. Avocado halbieren, den Kern entfernen und mit einem Löffel das Fruchtfleisch aus der Schale lösen und in ein hohes Gefäß geben. **100 g Xylit**, Kakao, Zimt und Chili zugeben und mit dem Pürierstab gut vermixen. Dann die steif geschlagene Sahne vorsichtig unterheben.

● Mexico Mousse au Chocolat in 2 dekorative Gläser füllen und entweder sofort servieren oder bis zum Dessertgang in den Kühlschrank stellen.

**Nährwerte je Portion**
445 kcal • 3 g KH • 5 g E • 33 g F

Sweets : Low-Carb-Schnellrezepte

## Heidelbeerpfann-kuchen aus dem Ofen

》 Eine Variante des Pfannenklassikers. Wunderbar für einen entspannten Sonntagmorgen. Schnell den Teig zusammenrühren, Heidelbeeren drauf und ab in den Ofen; wenn Sie sich derweil noch mal ins Bett kuscheln, werden Sie spätestens vom köstlichen Duft wieder geweckt.

Für 4 Personen
⊘ 5 Min. + 18 Min. Backzeit

Frisch  100 g Heidelbeeren
Vorrat  60 ml Sahne • 40 g blanchierte, gemahlene Mandeln
Gewürze  1 Prise Vanille

● Den Ofen auf 200 °C Umluft vorheizen. **70 g Xylit**, **3 Eier**, Sahne, gemahlene Mandeln und Vanille in einer Schüssel verquirlen.

● Eine Springform mit 24 cm Durchmesser mit **15 g Butter** einfetten. Den Teig in die Springform füllen und die Heidelbeeren darauf verteilen. 18 Min. backen und gleich warm servieren.

Nährwerte je Portion
240 kcal • 3 g KH • 7 g E • 17 g F

## Zimtkekse

》 Zimtkekse sind nicht nur zur Weihnachtszeit ein Genuss! Neben dem wunderbar intensiven Aroma kurbelt Zimt außerdem den Stoffwechsel an.

Für 2 Personen
⊘ 25 Min.

Vorrat  95 g blanchierte, gemahlene Mandeln • 20 g Kokosmehl
Gewürze  1 Prise Vanille • ½ TL Zimt

● Ofen auf 180 °C Umluft vorheizen. Ein Backblech mit Backpapier auslegen

● **85 g Butter**, gemahlene Mandeln, Kokosmehl, **1 TL Backpulver**, **1 Ei**, Vanille, ¼ TL Zimt und **70 g Xylit** in einer Schüssel miteinander vermengen und zu einem Teig kneten.

● Teig in 10 gleich große Kugeln formen und aufs Backpapier legen, Teigkugeln flach drücken, damit Kekse entstehen. 11 Min. bei 180 °C Umluft backen. ¼ TL Zimt mit **5 g Xylit** vermischen und über die fertigen Kekse streuen.

Nährwerte je Portion
155 kcal • 1 g KH • 3 g E • 13 g F

## Rezept- und Zutatenverzeichnis

**A**
**Avocado**
– Chorizo-Chili con Carne 78
– Gefüllte Tuna-Avocado 47
– Guacamole mit Käsecrackern 76
– Hühnchen-Avocado-Salat 48
– Lachsfilet mit Avocado-Salsa auf Zucchini-Beet 65
– Mexico Mousse au Chocolat 90
– Salat im Glas 45
– Spiegelei im Specknest 32

**B**
**Bacon-Speck**
– Bacon-Involtini auf Paprika-Ratatouille 66
– Eier im Glas 46
– Ofenlachs in Limetten-Senfsoße 60
– Spiegelei im Specknest 32
– Warmer Bacon-Dip mit Gemüsesticks 77
– Zucchini-Cremesuppe mit krossen Bacon-Chips 56
**Blattspinat**
– Chorizo-Spinatgratin 58
– Hühnchen-Spinat-Ravioli in Sahnesoße 72
– Spinat-Bällchen 42
– Überbackener Senflachs auf Spinat 52
**Blumenkohl**
– Cheeseburger-Pfanne 68
– Curry Fried Rice 58
– Faux-Couscous-Salat 47
– Hühnchen-Korma 55
– Low-Carb-Milchreis 31
– Parmesan-Champignon-Risotto 55
– Rosmarin-Hühnchen mit Blumenkohlpüree 68
– Schwedische Fleischklopse mit Pü 69
Burger mit Zucchini-Pommes und Chili-Dip 64

**C**
**Champignons**
– Burger mit Zucchini-Pommes und Chili-Dip 64
– Eier im Glas 46
– Frühstücks-Fritatta 32
– Gebackene Parmesan-Champignon-Eier 36
– Käse-Pilz-Omelette 35
– Parmesan-Champignon-Risotto 55
– Regenbogen-Hühnchenspieße mit Dip 81
– Salat im Glas 45
– Schwedische Fleischklopse mit Pü 69
**Cheddar**
– Cheddar-Tassenkuchen 30
– Cheeseburger-Pfanne 68
– Chorizo-Chili con Carne 78
– Chorizo-Spinatgratin 58
– Fajita Tacos 66
– Guacamole mit Käsecrackern 76
– Shirataki'n Cheese 77
– Spinat-Bällchen 42
– Warmer Bacon-Dip mit Gemüsesticks 77
Cheeseburger-Pfanne 68
**Chorizo-Salami**
– Chorizo-Chili con Carne 78
– Chorizo-Shiratakis 52
– Chorizo-Spinatgratin 58
Cinnamon-Roll-Pancakes mit cremiger Soße 36
Club Sandwich 40
Curry Fried Rice 58

**E**
**Eier**
– Eier im Glas 46
– Gebackene Parmesan-Champignon-Eier 36
– Gefüllte Frühstückspaprika 46
– Heidelbeerpfannkuchen aus dem Ofen 91
– Käse-Pilz-Omelette 35
– Muffins mit Zitronenguss 88
– Pancake-Tiramisu 84

**F**
Fajita-Tacos 66
Faux-Couscous-Salat 47
Fleischbällchen mit Tzatziki-Creme 69
Frühstücks-Frittata 32

**G**
Gebackene Parmesan-Champignon-Eier 36
Gefüllte Frühstückspaprika 46
Gefüllte Pizza-Waffel 78
Gefüllte Tuna-Avocado 47
Guacamole mit Käsecrackern 76

**H**
**Hackfleisch**
– Burger mit Zucchini-Pommes und Chili-Dip 64
– Cheeseburger-Pfanne 68
– Chorizo-Chili con Carne 78
– Fajita-Tacos 66
– Fleischbällchen mit Tzatziki-Creme 69
– Schwedische Fleischklopse mit Pü 69
– Zucchini-Pfanne 59
**Heidelbeeren**
– Heidelbeer-Baiser-Creme 88
– Heidelbeereis 84
– Heidelbeer-Kokos-Shake 41
– Heidelbeerpfannkuchen aus dem Ofen 91
– Pancakes mit Heidelbeeren 30
**Hühnerbrust**
– Bacon-Involtini auf Paprika-Ratatouille 66
– Curry Fried Rice 58
– Hühnchen-Avocado-Salat 48
– Hühnchen-Korma 55
– Hühnchen-Spinat-Ravioli in Sahnesoße 72
– Knoblauch-Hähnchen auf Zoodles 59
– Parmesan-Nuggets 76
– Regenbogen-Hühnchenspieße mit Dip 81
– Rosmarin-Hühnchen mit Blumenkohlpüree 68

**K**
**Kaffee**
– Schokofee-Chia-Pudding 35
Käse-Pilz-Omelette 35
Käsewaffel mit Schnittlauch-Dip 41

# Rezept- und Zutatenverzeichnis

Knoblauch-Hähnchen auf Zoodles 59

**Kokosmilch**
- Heidelbeer-Kokos-Shake 41
- Hühnchen-Korma 55
- Low-Carb-Milchreis 31
- Schokofee-Chia-Pudding 35

**L**

**Lachsfilet**
- Lachsburger auf warmem Gurkensalat 71
- Lachsfilet mit Avocado-Salsa auf Zucchini-Beet 65
- Ofenlachs in Limetten-Senfsoße 60
- Überbackener Senflachs auf Spinat 52

Low-Carb-Milchreis 31

**M**

Mexiko-Mousse-au-Chocolat 90
Muffins mit Zitronenguss 88

**O**

Ofenlachs in Limetten-Senfsoße 60

**P**

Pancakes mit Heidelbeeren 30
Pancake-Tiramisu 84

**Paprika**
- Bacon-Involtini auf Paprika-Ratatouille 66
- Curry Fried Rice 58
- Fajita-Tacos 66
- Faux-Couscous-Salat 47
- Frühstücks-Fritatta 32
- Gefüllte Frühstückspaprika 46

- Regenbogen-Hühnchenspieße mit Dip 81
- Salat im Glas 45
- Warmer Bacon-Dip mit Gemüsesticks 77

Parmesan-Champignon-Risotto 55
Parmesan-Nuggets 76
Pesto-Zoodles 60

**R**

Regenbogen-Hühnchenspieße mit Dip 81
Rosmarin-Hühnchen mit Blumenkohlpüree 68

**S**

**Salatgurke**
- Faux-Couscous-Salat 47
- Fleischbällchen mit Tzatziki-Creme 69
- Guacamole mit Käsecrackern 76
- Hühnchen-Avocado-Salat 48
- Lachsburger auf warmen Gurkensalat 71
- Parmesan-Nuggets 76
- Spiegelei im Specknest 32
- Thunfisch-Boote 48
- Warmer Bacon-Dip mit Gemüsesticks 77

Salat im Glas 45
Schokofee-Chia-Pudding 35
Schoko-Mousse 87
Schwedische Fleischklopse mit Pü 69

**Shirataki-Nudeln**
- Chorizo-Shiratakis 52
- Shirataki 'n' Cheese 77

Snickerdoodle-Tassenkuchen 45

Spiegelei im Specknest 32
Spinat-Bällchen 42

**T**

**Thunfisch**
- Gefüllte Tuna-Avocado 47
- Thunfisch-Boote 48
- Tuna-Zucchini-Schiffe 81

**U**

Überbackener Senflachs auf Spinat 52

**V**

Vanille-Kokos-Bällchen 87

**W**

Warmer Bacon-Dip mit Gemüsesticks 77

**Z**

Zimtkekse 91
Zitronen-Creme-Dessert 90

**Zucchini**
- Burger mit Zucchini-Pommes und Chili-Dip 64
- Frühstücks-Fritatta 32
- Hühnchen-Spinat-Ravioli in Sahnesoße 72
- Knoblauch-Hähnchen auf Zoodles 59
- Lachsfilet mit Avocado-Salsa auf Zucchini-Beet 65
- Ofenlachs in Limetten-Senfsoße 60
- Pesto-Zoodles 60
- Tuna-Zucchini-Schiffe 81
- Zucchini-Cremesuppe mit krossen Bacon-Chips 56
- Zucchini-Pfanne 59

---

## Liebe Leserin, lieber Leser,

hat Ihnen dieses Buch weitergeholfen? Für Anregungen, Kritik, aber auch für Lob sind wir offen. So können wir in Zukunft noch besser auf Ihre Wünsche eingehen. Schreiben Sie uns, denn Ihre Meinung zählt!

Ihr TRIAS Verlag

E-Mail-Leserservice
kundenservice@trias-verlag.de

Lektorat TRIAS Verlag
Postfach 30 05 04
70445 Stuttgart
Fax: 0711 89 31-748

## Stichwortverzeichnis

**A**
Avocado 18

**B**
Backpulver 23
Bacon-Speck 16
Blattspinat 16
Blumenkohl 17
Blutzuckerspiegel 10, 19
Butter 22

**C**
Champignon 18
Cheddar 14
Chia-Samen 23
Chipotle-Chilipulver 19
Chorizo-Salami 15
Cumin 19
Currypulver 20

**D**
Dijon-Senf 20

**E**
Ei 24
Eiweiß, tierisches 15
Eiweißzufuhr 11
Energie 12
Energielieferant 11

**F**
Fett 11
Fettsäuren, mittelkettige 12, 22
Flohsamenschalenpulver 23
Frischkäse 15
Fruchtzucker 12

**G**
Gemüse, grünes 18
Gemüsenudeln 25
Getreidebestandteile 12
Gewürze 19
glutenfrei 12

Glutenunverträglichkeit 12
Gurke 18

**H**
Hackfleisch 16
Heidelbeeren 19
Hühnchenbrust 16
Hunger 12

**I**
Insulinspiegel 11

**J**
Julienne-Schneider 25

**K**
Kakao 21
Kanjokwurzel 14
Käse 14
Ketonkörper 11
Knoblauch 20
Kohlenhydratgehalt 10
Kokosmehl 13
Kokosmilch 13
Kokosnuss 12
Kokosöl 22
Kreuzkümmel 19

**L**
Lachsfilet 16
Laktoseintoleranz 12
Limette 21
Low-Carb-Ernährung 11, 12

**M**
Mandeln, gemahlene 13
Mascarpone 14
Mayonnaise 24
MCT 12, 22
Milchprodukte 15
Milchzuckerunverträglichkeit 12
Mozzarella 15
Mr. Magic 25

**O**
Olivenöl 22
Omega-3-Fettsäuren 16

**P**
Paprika 18
Parmesan 14
Pilze 18
Pürierstab 25

**R**
Rosmarin 19

**S**
Sahne 14
Salami 15
Salatgurke 18
Schnittlauch 20
Senf 20
Shirataki-Nudeln 13
Spinat 16
Spiralschneider 25

**T**
Thunfisch 15
Thymian 20
Typ-2-Diabetes 11

**V**
Vanille 21
Vollkornprodukte 12

**W**
Waffeleisen 25
Wunschgewicht 12

**X**
Xylit 23

**Z**
Zimt 21
Zitrone 21
Zöliakie 12
Zoodles 16
Zucchini 16
Zwiebel 22

# DIÄT OPTIMIEREN – DARMFLORA UNTERSTÜTZEN!

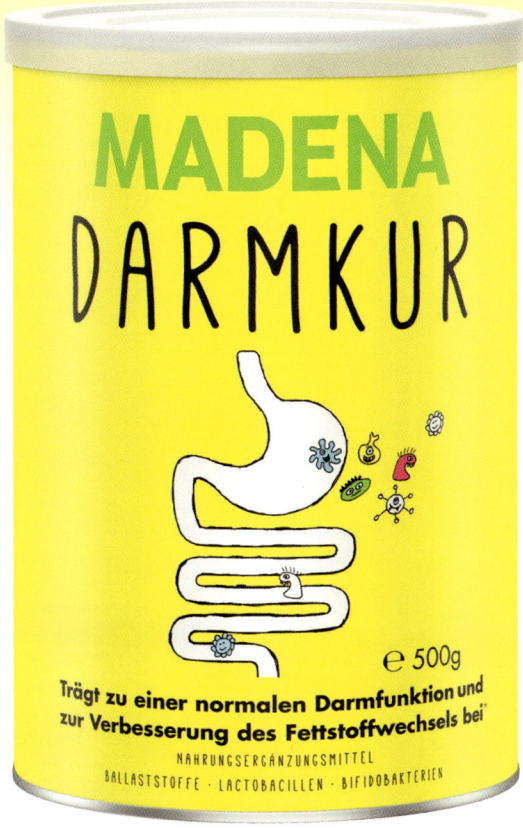

In der Apotheke,
PZN: 11518237

Nur ein sehr gut funktionierender Darm garantiert eine optimale Gewichtsabnahme.

Deshalb empfiehlt es sich, die Darmfunktion während der Diät durch eine sinnvolle Kombination von Prä- und Probiotika wie **MADENA DARMKUR** zu unterstützen.

**MADENA DARMKUR** trägt zu einer normalen Darmfunktion und zur Verbesserung des Fettstoffwechsels bei.* Es ist bewußt frei von Süßstoffen, Emulgatoren, Füll- und Hilfsstoffen und geschmacksneutral. **MADENA DARMKUR** enthält pro Tagesdosis etwa 24 g präbiotischer Ballaststoffe und **12 Milliarden** hochwertiger probiotischer Keime.

*Die tägl. Aufnahme von 12 g Zichorieninulin trägt durch Erhöhung der Stuhlfrequenz zu einer normalen Darmfunktion bei. Inulin, Apfelpektin und Maisdextrin tragen zu einer ausreichenden Versorgung mit Ballaststoffen bei. Pektine tragen zur Aufrechterhaltung eines normalen Cholesterinspiegels im Blut bei. Die positive Wirkung stellt sich bei einer tägl. Aufnahme von 6 g Pektinen ein. Die Aufnahme von Pektinen im Rahmen einer Mahlzeit trägt dazu bei, dass der Blutzuckerspiegel nach der Mahlzeit weniger stark ansteigt. Diese positive Wirkung stellt sich ein, wenn die Mahlzeit mind. 10 g Pektine enthält. Das entspricht der Menge von 40 g MADENA DARMKUR.

## Impressum

**Bibliografische Information der Deutschen Nationalbibliothek**
Die Deutsche Nationalbibliothek verzeichnet diese Publikation in der Deutschen Nationalbibliografie; detaillierte bibliografische Daten sind im Internet über http://dnb.d-nb.de abrufbar.

Programmplanung: Uta Spieldiener
Redaktion: Anne Bleick, Stuttgart
Bildredaktion: Nadja Giesbrecht

Umschlaggestaltung und Layout: CYCLUS Visuelle Kommunikation, Stuttgart

Bildnachweis:
Umschlagfoto und alle Rezeptfotos im Innenteil: Meike Bergmann, Berlin
Food-Styling: Caroline Franke, Berlin
Fotos im Innenteil: S. 7 (Mitte links): Jasmin Mengele; alle übrigen People-Fotos: Jens van Zoest, Wuppertal

1. Auflage

© 2017 TRIAS Verlag in Georg Thieme Verlag KG, Rüdigerstraße 14, 70469 Stuttgart

Printed in Germany

Satz und Repro: Fotosatz Buck, Kumhausen
Gesetzt in Adobe InDesign CS6
Druck: AZ Druck und Datentechnik GmbH, Kempten

Gedruckt auf chlorfrei gebleichtem Papier

ISBN 978-3-432-10290-0

Auch erhältlich als E-Book:
eISBN (PDF)    978-3-432-10291-7
eISBN (ePub)  978-3-432-10292-4

1 2 3 4 5 6

**Wichtiger Hinweis:** Wie jede Wissenschaft ist die Medizin ständigen Entwicklungen unterworfen. Forschung und klinische Erfahrung erweitern unsere Erkenntnisse. Ganz besonders gilt das für die Behandlung und die medikamentöse Therapie. Bei allen in diesem Werk erwähnten Dosierungen oder Applikationen, bei Rezepten und Übungsanleitungen, bei Empfehlungen und Tipps dürfen Sie darauf vertrauen: Autoren, Herausgeber und Verlag haben große Sorgfalt darauf verwandt, dass diese Angaben dem Wissensstand bei Fertigstellung des Werkes entsprechen. Rezepte werden gekocht und ausprobiert. Übungen und Übungsreihen haben sich in der Praxis erfolgreich bewährt.

Eine Garantie kann jedoch nicht übernommen werden. Eine Haftung des Autors, des Verlags oder seiner Beauftragten für Personen-, Sach- oder Vermögensschäden ist ausgeschlossen.

Geschützte Warennamen (Warenzeichen®) werden nicht besonders kenntlich gemacht. Aus dem Fehlen eines solchen Hinweises kann also nicht geschlossen werden, dass es sich um einen freien Warennamen handelt.

Das Werk, einschließlich aller seiner Teile, ist urheberrechtlich geschützt. Jede Verwertung außerhalb der engen Grenzen des Urheberrechtsgesetzes ist ohne Zustimmung des Verlags unzulässig und strafbar. Das gilt insbesondere für Vervielfältigungen, Übersetzungen, Mikroverfilmungen und die Einspeicherung und Verarbeitung in elektronischen Systemen.

Besuchen Sie uns auf facebook!
www.facebook.com/trias.tut.mir.gut

Lassen Sie sich inspirieren!
www.pinterest.com/triasverlag